JN278846

母は娘の人生を支配する

なぜ「母殺し」は難しいのか

斎藤 環

Saito Tamaki

1111

NHKBOOKS

日本放送出版協会【刊】

© 2008 Tamaki Saito

Printed in Japan
［協力］ 山本則子
［章扉デザイン］ 水戸部功
［本文組版］ 岸本つよし

R〈日本複写権センター委託出版物〉
本書の無断複写（コピー）は、著作権法上の例外を除き、著作権侵害となります。

母は娘の人生を支配する——なぜ「母殺し」は難しいのか【目次】

序章●なぜ「母殺し」は難しいのか

母娘関係の特殊さ

闇を秘めていない家族などほとんど存在しない。どんな家族も戸棚の中に骸骨《がいこつ》を秘めている、とはイギリスの作家サッカレーの言葉が初出とされているようです。私もこれにはまったく同意しますが、ここでいわれている「闇」や「骸骨」には、さまざまな種類やレベルがあるでしょう。つまり「隠しておきたい秘密」というレベルから、「口に出さずに秘めている感情」というレベルまで、です。ところで私の経験からいえば、多くの場合、母―娘関係においては、とりわけ後者が問題になりやすいという印象があります。

母と娘。この困難な組み合わせは、私たちに何を物語るでしょうか。

ひとつ、はっきりしていることは、「母―娘関係」が「母―息子関係」「父―娘関係」「父―息子関係」のいずれとも異なっている、ということです。「そんなの当たり前」とお感じでしょうか。しかし私がいいたいのは、これら四つの組み合わせにおいて、「母―娘関係」だけが、きわだって特異である、ということなのです。

この点について、もしもあなたが女性なら、大きくうなずいていただけたかもしれませんね。しかしあなたが男性なら、あまりぴんと来なかったのではないでしょうか。無理もありません。私もこの本を書きはじめる以前は、母娘関係の特殊さを、十分に理解しているとはいえなかったのですから。しかし、ひとたびこの問題領域が存在することに気づいてしまえば、世界が変わってみえるといっても過言ではありません。なぜこれほど広く存在する問題に、私たち男性は気づかずにいられたのか。なぜこれほど普遍的な歴史を秘めた問題が、長らく等閑視されてきたのか。

私は「ひきこもり」を専門とする臨床家ですが、ひきこもりには男女差があります。よく知られた話としては、まず圧倒的に男に多い、という事実。しかし、こちらはあまり指摘されていないことですが、女性がひきこもる場合、しばしば男性以上に徹底したものになりやすい、という事実もあります。

私のみるところ、女性のひきこもりの徹底性には、母親との関係が大きく影響しています。どういうことでしょうか。

ひきこもり青年たちは、そのほとんどが、母親と密着関係に置かれます。まさにこの「密着」のありようにおいて、息子たちと娘たちは異なった反応を示すのです。詳しくは後で述べますが、一般に母親と娘の関係は、単に「錯綜」というだけではすまないような、複雑怪奇な様相を呈することが多いのです。そしてこのことが、娘たちを、抜け出そうにも抜け出しがたい泥沼的な関係性に縛りつけてしまうのです。

錯綜した愛憎関係

こうした「ひきこもり」の問題は、一例に過ぎません。

講演会などで母娘関係の複雑さについてふれると、母親たちの間に、共感とも苦笑ともつかない一種のどよめきが起こることがしばしばあります。このような反応は、ほかの話題ではまず経験しないことです。そう、ふつうの母親たちもまた、自らの母娘関係に悩み続けてきたという事実。してみると、母娘関係の泥沼は、ほとんどの女性が潜在的に抱えているものではないでしょうか。少なくとも私は、今やそのように確信するに至っています。

もちろん、すべての母娘関係が問題を抱えているといいたいわけではありません。しかし、ひとたび母娘関係がこじれると、そこはきわめて錯綜した愛憎関係の温床となることは間違いないようです。

単純に解きほぐすことができないような感情の絡みあいが至るところに発生し、それゆえいっそう離れがたくなっていくという、独特の困難さがそこにはあります。それでなくても肉親の関係というものは、どうしても錯綜した感情が絡みあいがちなものですが、この傾向はどうやら母娘関係が最も強いように思われます。

これに比べれば、父親―娘関係は単純といってよいほどです。単純さという点では、母親―息子関係とさしたる違いはありません。父親と娘の関係は、極端な愛着か徹底した嫌悪のいずれかに傾いていくことが多い。あるいは、母親―息子関係もまた、単純な母子密着関係から、比較的わかりやすい共依存関係に陥りやすいように思います。

つまり、表向きは母親が息子に隷従《れいじゅう》しながら、そうした関係に息子が依存しきってしまっているのです。もちろん母親は、「依存の引き受け手」という役割に依存しており、それゆえの「共依存」なのですが。いずれも厄介な問題には違いありませんが、こと複雑さという点で比べれば、とうてい母娘関係には及ばないように思えるのです。

およそ父親という存在は、母親に比べればきわめて「人工的」な存在であり、それゆえ父と子の関係は、比較的単純なものになりがちです。その単純さは、さまざまな「父殺し」として、物語の中にも示されます。その一例をここに示してみましょう。

『鏡の法則』における父と娘

最近ベストセラーになった野口嘉則氏の『鏡の法則』(総合法令出版、二〇〇六年)という本があります。インターネット発で話題になり、数多くの共感を呼ぶと同時に、ネット上などでは自己啓発セミナーや新興宗教まがいの話として叩かれているようです。とはいえ作者は奇特な方で、元テキストを今もネット上で公開しています(http://coaching-m.co.jp/payforward.htm)。短い物語なので、すぐに読めるでしょう。まだ読んだことがない人向けに、あらすじを簡単に紹介しておきます。

息子のいじめに悩む主婦A子さんは、夫の先輩であるB氏に相談し、父親を赦《ゆる》せていない自分に気づく。B氏の勧めで実家に電話し、父にこれまでの感謝の言葉を伝えたところ、父は号泣してあっさり和解、いじめもなんとなく解決して何もかもうまくいく人生に。

嫌味っぽい要約ですみません。とりあえず私の感想としては、他人の心にこれほど強い影響を行使することになんの疑問も持っていない「B氏」に対して、羨望《せんぼう》と同じくらいの嫌悪感を抱いたことを、まず告白しておきましょう。少なくともこのB氏は、「他人に善行を施すことへの羞恥《しゅうち》」や、「他人から感謝されることの憂鬱《ゆううつ》さ」という感情が想像もつかないか、それらを超越した境地におられるようです。なまじ専門家のはしくれである私などには、とうてい真似のできない身振りといえましょう。

それはともかく、この話は、精神医学的には「転移」や「投影」の発想に「内観療法」の考え方を組み合わせたもの、といえるかもしれません。ただし、通常の内観療法は「母親への感謝」をベースに展開することが多いのですが、『鏡の法則』では、「父親への謝罪」を持ってきているところがポイントでしょう。

娘に突然謝罪されて号泣する老いた父親。おそらくこれがこの物語のクライマックスなのでしょう。たとえ親子仲がどうであろうと、つねに「親と和解したい」という願望を潜在的に抱えているわれわれの心の核心に、このシーンがダイナマイトヒットしたというわけなのです。

おそらく、この物語のキーパーソンが父親であるということには、存外に深い意味があると思います。

内観療法とは、非常に時間のかかる治療法です。これは簡単にいえば、長い時間をかけて、「母親にしてもらったこと」を徹底して「調べる」のです。そうすることで親子関係や自分の生い立ちに対する洞察が深まり、感謝の心を引き出される、というものです。もっとも、どんな親であってもとりあえず感謝させるという発想は、ちょっとカルトじみていると批判する人もいます。

私の経験から言い添えておけば、この治療法は受けた直後には「効いた」かのような印象をもたらしてくれます。しかし残念ながら、その効力は、それほど安定したものとはなりにくい気がします。少なくとも、ある程度以上に重症な人にとっては、それほど有効なものとは思われません。加えて、内省によって変化をうながす方法は、ある種のうつや対人恐怖、あるいは強迫症状のように、「内省し過ぎる」問題を抱えたケースには、それほど有効ではないようなのです。

余談ながら説明しておくと、この治療法は、内省能力が不足している人には時として有効な手法たりえます。さまざまな問題行動や人格障害など、内省力が不足しているがために他人に迷惑をかけてしまう人にとっては、内観療法は大きな変化のきっかけになりうるでしょう。ただし、彼らをどのように治療に向けて「動機づける」かは難題ですが。

娘による「父殺し」

さて、通常であれば「母親」が選ばれるはずの感謝の対象が、『鏡の法則』では「父親」になっているということには、どんな意味があるのでしょうか。

ひとつはっきりといえることは、この物語が一種の「娘による父殺し」である、ということです。父と娘の対立関係は、この娘にとって、あたかも迫害と葛藤の連続だったかのようです。しかし、そうした歴史的経緯がもたらした父親への憎悪は、一方で娘の支えでもあったかもしれません。

この歳になるまで父親とろくに口をきかないといった関係は、ある意味で濃密過ぎる関係ともいいうるでしょう。もし関係性が人並に希薄なものであったとしたら、父と娘の間には、お盆や正月に会ったり、たまに電話でお喋《しゃべ》りをするといった程度の、平和で儀礼的な親密さが保たれていたはずですから。しかし彼女は、そうはしなかった。まさに父に反発し、憎むことによって、この父と娘の関係は保たれてきたのです。

娘は、B氏のアドバイスに従って、この関係を終わらせようとします。葛藤と憎悪による太い絆《きずな》を、感謝と赦しの言葉によって、まさに一刀両断にする、というわけですね。父と娘の物語はこれで大団円です。一場のカタルシス効果によって、二人の関係には終止符が打たれてしまいました。もしこの後日譚として、娘の心に処理しきれないもやもやした感情(「簡単に赦し過ぎちゃったかも……」的な)が残ったとしても、それはもはや「ニセの感情」という扱いになるでしょう。私が「父殺し」という強過ぎる言葉をあえて使うのは、この言葉が持っている「殺したことにする」という形式的な意味合いを強調するためです。たったあれだけのシンプルな感謝と赦しのセットメニューで、関係と物語が終わったことにされてしまうという暴力性。この話に感動した人は、もはやケータイ小説の単純さを笑うことはできません。

「母殺し」の不可能性

ながながと述べてきましたが、この物語はおそらく、母親が対象では成立しなかったものでしょう。『鏡の法則』の読者の多くは女性であったと考えられますが、多くの女性たちにとって、母親との関係はそれほどシンプルなものではありえないからです。父親との関係は迫害(時には虐待)と憎悪、という単純なものになりがちですが、母親との関係では、単純な迫害などはむしろ問題になりにくい。

そこには、保護や依存が支配や被支配の問題を同時にはらんでしまうような複雑さがあります。まさに単純な感謝や赦しなどでは、とうてい決着をつけられないような諸問題が存在します。それゆえ母親は、この人の良い父親のようには、簡単に「殺され」てはくれません。父親とは簡単に対立関係に入ることができますが、母親とは対立できません。なぜなら、母親の存在は、女性である娘の内側に、深く浸透しているからです。それゆえ「母殺し」を試みれば、それはそのまま、娘にとっても自傷行為になってしまうのです。

もう一度繰り返しましょう。象徴的な意味において、「父殺し」は可能であるばかりか、むしろ避けることのできない過程とすら考えられます。しかしおそらく「母殺し」は不可能です。母親の肉体を現実に滅ぼすことはできても、象徴としての「母」を殺害することは、けっしてできません。おそらく、こうした母殺しの不可能性は、父殺しの可能性と表裏の関係にあるでしょう。その意味では、父を殺しながら、母を殺しえないことにこそ、人間の条件が含まれているのかもしれません。もうおわかりの通り、本書のサブタイトルは、こうした母殺しの困難に由来します。女性にとっては自明であるかもしれないこの事実は、男性である私にとっては、ひとつの驚きでもありました。これほど重大な問題であるにもかかわらず、誰もこの事実を指摘すらしてこなかったということ。しかし「母殺しの不可能性」を私の発見だなどと、うそぶくつもりはありません。それは議論の端緒に過ぎず、すでに私の関心は、母殺しの不可能性がいかにして成立しているのか、その謎の解明にこそ向かっているからです。

本書では、症例もさることながら、検討のための素材として小説や漫画に数多く当たります。

本書におけるジェンダーの扱い

最後に、なくもがなの註釈をつけておきましょう。本書における「ジェンダー」の扱い方について、です。

私は由緒正しいフェミニストではありませんが、精神分析的な志向を持つ臨床家としてフェアネスを徹底したいという立場から、フェミニズムに一定の親近感を抱いてはいます。とはいえ、それほど深い考えではなく、いかなる個人も性差のみを理由として不利益を被るべきではない、というほどの信念に過ぎませんが。

ファルス（ペニス）中心主義という「偏見」にさえ陥らなければ、精神分析とフェミニズムはきわめて相性が良いのですが、このことからもおわかりの通り、私は「ジェンダー」の考え方を全面的に肯定します。男性であり、女性であるということは、ほぼ完全に社会的・文化的な慣習によって支えられた区分に過ぎず、そこにはいかなる生物学的な本質も関係していない。精神分析的フェミニズムに近い私は、これまでこの前提を疑ったことは一度もありません。

それゆえ「女性らしさ」、「男性らしさ」の問題は、ほぼ完全に政治的な問題にほかなりません。この違いは、いかなる意味でも、染色体やゲノム、あるいは脳構造の微妙な違いといった差異にはまったく還元できないものでしょう。これは科学的に還元できないといいたいわけではなく、科学的根拠のいかんにかかわらず還元すべきではない、というほどの意味です。

それゆえ本書において、母娘関係に特有の困難とみなされるものは、権利上はあらゆる人間関係に起こりうるものばかりです。ただし、事実としては、この種の問題は生物学的な母娘関係において生ずることが最も多い。ややこしい言い方をするようですが、厳密にはそのようなことになります。それゆえ本書での指摘を、姉妹関係や友人関係、恋人関係などに応用することももちろん可能なはずです。

こういう、なくもがなの註釈を書いておくのは、私が反フェミニズムという意味における本質主義者（性別には生物学的な本質がある、といった議論の信奉者）と誤解されないために、どうしても避けられない手続きなのです。

さあ、これで準備は整いました。それではこれから向かうとしましょうか、母娘関係の深い森へ！

第一章
母と娘は戦っている

1　悲鳴をあげる娘たち――報道の事例から

タリウム少女事件

本節では、事件報道や雑誌の手記、投稿記事などにもとづき、母娘関係の難しさを具体例からながめておきたいと思います。

事件という極端な例から一般論を導くのは難しい場合もあります。しかしある種の事件は、極端であるぶんだけ、しばしば象徴的な意味を帯びるものです。

あるいは新聞・雑誌に寄せられた手記や投書も、虚構や誇張を含んでいることが多いので、正確さは必ずしも期待できません。しかし、誇張されたストーリーには、さまざまな願望や葛藤が反映されやすいともいえます。以下、あなたが男性であれ女性であれ、自分の中にどんな感情が湧き起こってくるか、この点に注意しながら読んでみることをお勧めします。

「母―娘関係」から生じた「問題」で、私たちの記憶に新しいのは、なんといっても「タリウム少女」事件でしょう。

二〇〇五年一〇月に報じられたこの事件では、静岡県に住む高校一年、一六歳の女子高校生が、四八歳の母親に劇物のタリウムを飲ませて殺害をはかったとされています。彼女は学校では化学部に所属して薬理学の知識があり、『グレアム・ヤング　毒殺日記』を愛読していました。しかし少女は、学校ではごく普通の生徒だったといいます。「普通の少女」は何ゆえに、母親を殺害の対象に選んだのでしょうか。

彼女はネット上に「グルグムンシュ」というタイトルのブログ（日記）を公開しており、そこで母親が衰弱していく様子を詳細に記していたそうです。猫などに毒物を与えて殺したという記録もありました。家族との深刻なトラブルや確執があった様子はありません。その意味では、センセーショナルではありますが、なんとも不可解な事件です。ちなみにこの母親はタリウム中毒から植物状態となっています。少女はその後、医療少年院送致の保護処分が決定しています。

少女は拘留中から父親に手紙を出していたそうです（「静岡『タリウム毒殺』少女から届いた七通の手紙」『週刊現代』二〇〇六年六月三日号）。しかしそこには、謝罪の言葉も反省の言葉も一切書かれておらず、「服を買ってきてほしい」「家は売らないでほしい」といった要求ばかりが書かれていたといいます。また、一見反省めいた内容の手紙があっても、その内容はブログに書かれていた内容とは矛盾しており、心からのものとは思えないという印象を父親に与えたそうです。その後、少女は精神鑑定の結果、「アスペルガー症候群」という診断を受け、また、中学時代に壮絶ないじめを受けていたことが判明しました。

少女はなぜ母を選んだのか

この事件でひっかかる点があるとすれば、それはやはり、少女と母親との間に、表向きめだった確執がなかった、という点でしょう。父親をひどく嫌悪する少女は多いのですが、娘による父親殺しという事件は意外に少ないのです。なぜこの少女は、殺害実験の対象に「母親」を選ぶ必要があったのでしょうか。表面的にわかりやすい動機がないだけに、私はこの点にひっかかります。そこには母と娘をつなぐ、深い闇があるように思われてならないからです。

精神科医の香山リカ氏は、この事件にふれて、母親と娘の関係性の独特さを述べています（「『タリウム』少女はなぜ母親を殺そうとしたのか」『創』二〇〇六年一月号）。娘にとって母親とは、最も身近な女性でありながら、その女性性や世俗性という点において、強い反発や嫌悪の対象でもありうるということです。香山氏はそこまでは指摘しつつも、彼女が自殺という形で自己否定に向かわずに、なぜ母親殺しという犯罪を手がけたのかについては疑問を投げかけています。

もし彼女のアスペルガー症候群という診断が適切であるとすれば、この疾患は脳神経系の器質的な障害ということになります。その場合、われわれの日常経験にもとづいて、共感したり同情したりということはいささか困難なものになるかもしれません。香山氏は少女の診断についてはふれていませんが、そのように考える精神科医は少なくないはずです。しかし私にはこのような場合でも、共感による推測がまったく無意味だとは思われません。

おそらく父殺しには、つねにはっきりした動機が必要となるでしょう。しかし、母殺しはどうでしょうか。ひょっとすると母―娘関係は、時に動機なき殺人が起きたとしても不思議ではないような闇を抱えているのではないでしょうか。もちろん私は、「心の闇」といった常套句《じょうとうく》は好みではありません。しかし、不可解としかいいようのない関係性の謎を指し示すために、さしあたりこの言葉を用いておかざるをえないのです。しばしご容赦ください。

冒頭にこの事件の話を持ってきたのは、何も母娘関係がつねに憎しみを潜在的に抱えている、ということをいいたいがためではありません。この関係がはらんでいる「理解しがたさ」の象徴として、という意味は多少あります。多くの子供にとって、母親はもちろん最初の他者です。しかし子供は、とりわけ娘たちは、この他者を鏡として自我を発達させることになります。だとすれば、母親がしばしば自分自身と区別がつかなくなったとしても不思議ではありません。自己否定が母親否定につながりやすいのは、このためもあるでしょう。しかし、母娘関係の難しさは、それが単純な鏡像関係というだけでは尽くされないところにもあるようなのです。

『朝日新聞』の投書

このあたりの事情は、どの程度一般化できるものなのでしょうか。事件報道に続いて、今度は一般の「娘」たちからの投書をみてみましょう。

その投書が紹介されたのは、一九九八年九月二日付の『朝日新聞』朝刊でした。読者に意見を求める問題提起型の連載で、タイトルは「どうする　あなたなら　母と娘」。連載の最初では、まず二通の読者からの投書が紹介されました。

よもやこの投書が、この連載企画がはじまって以来の大きな反響を呼ぶことになろうとは、この時点では誰も予想していなかったことでしょう。

一通目は、母親の過干渉に悩む東大生の投書でした。

彼女の母親は、大学入学後も彼女のプライヴァシーに干渉し、束縛し続けました。カバンも机の中も私信すらもつねに検閲され、電話していても聞き耳を立てられ、交友関係にも口を挟む母親。彼女の服装も髪形も、すべて母に決められたといいます。「私は結婚して主婦になって早く自由になりたい。そして絶対、私の母みたいな母親にはなりたくないです」と彼女は記しています。

二通目の投書は三四歳の女性からのものです。彼女も一通目の投書と同じような過干渉にあい、それでも一〇年間、母親の店を手伝ってきました。しかし姉が結婚したときに母が漏らした「あなたは私を捨てないわよね」という一言がきっかけで、彼女はうつ病になってしまいます。「私は一度も母の愛情を感じたことはありません。それは束縛。ゆがんでいたと思います」と彼女は語っています。

この手紙がきっかけとなって、最終的には一一九六通の手紙が朝日新聞社に寄せられました。共感もあれば批判もアドバイスもあったそうですが、このテーマの持つ普遍性は、この事実からみてもあきらかでしょう。

臨床心理学者の高石浩一氏は、メラニー・クラインの「投影性同一視」概念で、この関係を説明しています（『朝日新聞』一九九八年一〇月二日付）。

母親は、自分の中にある娘の部分と母の部分を、実際の母娘関係に置き換えて満足を得ようとします。その際母親は、自分の弱さを見せつけることで娘を縛ろうとします。結果的に娘は、母親への罪悪感から主体的に生きることが困難になるというのです。

では、なぜこの問題が母娘関係だけで起きるのでしょうか。高石氏は、現代は女性にとって、母親として生きる以外の選択肢があまりに乏しいといいます。つまり、母親を否定してしまうと、自分を見失ってしまうことになる、と。これから女性の生き方が多様化しつつある過渡期ゆえに問題化したのだと高石氏は指摘しています。

一方、女性ライフサイクル研究所の村本邦子氏は、この社会が強いてくる母への抑圧こそが問題であると指摘しています。育児のコントロールについやされる時間が延びたぶん、抑圧された母親は、かなえられなかった自分の欲望を子に託します。とりわけ、娘には自分の轍《てつ》を踏んでほしくないという思いから、先回りして過干渉になりがちです。それゆえ育児は父の責任、とみなす社会になれば、同じことが父―息子にも起こると村本氏はいいます。

葛藤がみえやすくなった時代

いずれの分析も、今この社会で母親であり女性であることの困難が、ひとつの原因であると指摘されています。私も、この点については特に異存はありません。ならば果たして、村本氏がいうように、育児における父親と母親の役割が逆転されれば、この問題は消えるのでしょうか？　あるいは、もっとマイルドな解決策として、社会が母親を抑圧することをやめれば、こうした問題は解消するのでしょうか？

私には、そうは思えません。これはただの勘でしかありませんが、母娘問題は、母親や女性への抑圧が低下したからこそ、出現した問題のように思われるからです。先ほど引用した、東大生の投書が象徴的ですね。彼女はこれほどの経験をしながら、それでも結婚に希望を託しています。同じように「三四歳の女性」もまた、絶対に母親になると宣言するのです。

この連載が掲載された一九九八年からすでに一〇年近くを経て、結婚しない「負け犬」たちの存在がクローズアップされてきました。女性＝母親という抑圧構造は、かつてないほど緩和されつつあります。ならば、母娘関係の問題は解決したでしょうか？　私にはそうは思われません。依然として、母と娘は戦っているようにみえるからです。

おそらくこの問題は、フェミニズムのテーマとも浅からぬ関わりを持っています。しかし、その関係はきわめて複雑かつ間接的なものです。少なくとも、当時の識者が指摘したような、単純な抑圧構造だけの問題でないことははっきりしています。

むしろ抑圧が低下した社会においてこそ、多くの女性は進んで母親であろうとするのかもしれません。なぜなら、女性が女性をやめないかぎり、すべての女性が母親を断念するなどということは、およそありえないことだからです。確かに非婚化の傾向はどんどん広がっています。しかし「結婚はしたくないが子供は欲しい」という声も、しばしば耳にします。

すでに述べてきたように、父親という存在の単純さに比べ、母親ははるかに複雑な謎と闇を抱えています。精神分析によれば、母親の乳房は、あらゆる欲望の起源でもあるとすらいいうるのです。こうした母親の立場は、人や社会に対して特権的なまでの影響力を持っています。「女性」や「母親」への抑圧が低下するということは、母親であることが社会的な不利益につながりにくくなるということです。母親という特権的な立場を選ぶことに、なんのハンデもつかないのであれば、むしろ母親になりたいと願う女性が増えたとしても、なんら不思議ではありません。

母娘関係の困難さは、母と娘のそれぞれが、抑圧構造の低下とともに、内省的な自我に目覚めたところにも起因するように思われます。母や娘の社会的役割や規範がきっちり定められた社会では、こうした自我同士のぶつかりあいそのものが抑圧されてきました。

この問題は、けっして昔は存在しなかったわけではなく、単に隠蔽《いんぺい》されていただけなのです。近代化とともに抑圧が減ることで、もともと潜在していた葛藤がはっきりみえてくるという現象は、何も母娘関係に限った話ではありません。医療崩壊や教育現場でいわれる「モンスターペアレント」の問題なども、そうした現象のひとつと考えられます。それゆえ近代化以降の抑圧の低い社会のほうが、母娘関係の葛藤はより問題化されやすくなるというのが、本書での私の仮説です。

母から愛されなかったという思い

雑誌『婦人公論』には、こうした母と娘の関係にまつわる手記が、しばしば掲載されています。もっとも、多くは親密さと互いへの尊敬に満ちた母娘関係という当たり障りのない記事です。

しかし、二〇〇二年二月七日号に掲載された特集「娘は母から逃れられない」には、多くの著名人が娘として、自分と母親との関係について率直な手記を寄せています。これを読むと、母娘関係の難しさがあらためて実感されます。

ここでは私が強く関心を引かれた手記を、いくつかピックアップしてみましょう。

執筆者の一人である藤原咲子氏については、新田次郎と藤原ていの娘、というよりは、今やベストセラーとなった『国家の品格』の著者・藤原正彦氏の妹、というほうが通りがいいかもしれません。彼女が描く母娘関係は、並はずれた深刻さをはらんでいます。そう、生死に関わるほどの深刻さを。

藤原ていといえば、満州からの引き揚げ体験をつづった昭和二四年（一九四九年）のベストセラー、『流れる星は生きている』で知られる作家です。しかし、まさに本書がきっかけとなって、娘である咲子氏は、自殺未遂をしたことがあるというのです。

幼い頃から、母の本の読者から好奇の目で見られることに耐えられず、決して本書を手にとろうとしなかった咲子氏は、中学受験の直前にはじめて本書を手にとり、一気に読んだといいます。いつも母親から「死にそうだったチャキを守ったのはお母さんだよ」といわれ続けていた娘にとって、そこに書かれていた内容はあまりに苛酷なものでした。その後の母と娘のやりとりを引用してみましょう。

「私は頭も悪いし、悪い子だし、北朝鮮の山のなかに捨ててくれれば良かったじゃないの、それにお母さんは赤ん坊の私を必死に守ろうとしなかったじゃあないの、私が勝手に生きちゃったんだよ、お母さんが、リュックの紐を開けたら生きていた……それだけのこと」

「ええっ、お前は何て……」

「『流れる星は生きている』に書いたじゃないの、私の命を犠牲にしてでもいいから、お兄ちゃんたちの命を守ろうとしたって、『よかった、二人の子どもさえ助かれば』ってどういうこと、『咲子はまだ生きていた』のまだってどういうこと」

まだ小学六年生だった咲子氏は、多量の風邪薬を飲んで自殺をはかりました。自分の生が歓迎されていなかった、母から愛されていなかったという思いは、彼女ならずとも絶望的な思いをもたらしたに違いありません。母—娘関係がはらむ地獄がここに口を開けています。

もし咲子氏が「息子」であったなら、話はもっと簡単だったでしょう。絶望すると同時に関係は終わり、母親はあっさりと捨てられてしまったでしょうから。

しかし、咲子氏は、母親を捨てませんでした。その後、『流れる星は〜』をけっして手にとることはありませんでしたが、しかしまた戦争になったら母親をおぶって逃げると彼女はいいます。なぜでしょうか。ここに興味深い構図があります。

母親は父親の「絶対に日本へ生きて帰るのだぞ」という約束を守りました。だから咲子氏もまた

「お母さんを大事にするのだよ」という父親との約束を守る、というのです。これがもし息子なら、父親の役割を引き継ぐという身振りになるのでしょうが、娘の場合は、父親への忠誠を母親と競いあうライバル関係にみえてしまうのです。これは後述するような、女の子にとってのエディプス・コンプレックスのひとつの形とみるべきなのでしょうか。

一体感が強過ぎる場合

もう一人、手記を寄せている太田治子氏の場合は、藤原氏とはまた、ずいぶん対照的な母娘関係にみえます。

太田氏は太宰治の婚外子であり、母親との間に深い信頼関係がありました。「私から見ると、自分の心を偽らない母は憧れの女性であり、同時に理想の男性でもありました。(中略)母が生きている間は、自分は結婚できないだろうと、薄々感じていました。この人が生きていると、男と女の生々しい関係になるのがとても恥ずかしいという、ちょっと困った感情があったんです。たぶん母との強過ぎる絆が、私の恋愛や結婚を困難にしていたんでしょうね」。

そう母親について述べる太田氏は、恋愛や結婚についても、母親のアドバイスを素直に受け入れています。不倫関係になりかけたときは、「会うのはやめなさい」といさめ、お見合いをした男性を評して「彼の目は、あなたを心から愛していない目だ」と水を差して破談にさせる。太田氏は、それが母親によるコントロールだと自覚しながらも、当の母親が亡くなった後まで、母親の影響から抜け出すことができません。

太田氏の母親が亡くなったのは彼女が三五歳のときでしたが、彼女は生まれてはじめて「ひとりっきり」と感じたそうです。「あの時は身も心も、半分が死んでしまったという感じがしました。これからは、のこりの半分で生きていくという思い」と彼女は述べています。こちらなどは、むしろ一体感が強過ぎることから起こる感覚のように思えます。彼女は母親の晩年、その口うるささに悩まされ、時には「死んでくれたら」と願ったこともあるといいます。しかし、その願いすらも言い当ててしまう母親にはとうていかなわない、と脱帽しているかのようです。

実母以外の女性を母と慕う

ノンフィクション作家の山崎朋子氏の手記もまた、独特のものです。そのタイトルに「人は産まなくても母になれる」とあります。

山崎氏は生みの母に愛された記憶がないといいます。愛されたのは年子の妹だけで、山崎氏はいつも「困り者」扱いだったと。思い込みもあろうかと当時の知人に取材してみたら、どうやらそれは事実のようでした。生意気で想像力の豊かな少女だった山崎氏は、実の母からはわかりにくい子供と思われ、うとまれていたようなのです。

そんな山崎氏にとっては、夫と結婚してから出会った姑との関係のほうが、ずっとくつろげるものだったといいます。また、代表作となる『サンダカン八番娼館』で取材した「からゆきさん」こと「おサキさん」の取材を通じて、おサキさんを本当のお母さんと慕うようになります。

いつも一緒に寝てたんだけど、ある晩、ふと目が覚めたらおサキさんがいない。あれ？　と思って外へ出たら、手をこすり合わせて、ひたすら拝んでいるんですよ。どうしたんだろ……と思って近づいていったら、声が聞こえてきた。「お大師様、海の神様、山の神様……」って。ありとあらゆる神様の名前を言ってね、「今日は朋子が来てくれて、よか日でした。ありがとうございます。一つ、朋子が死ぬまで達者でありますように。二つ、朋子が銭ばぎょうさん儲かりますように。三つ、朋子がよか人に巡り会えますように」、そう言って今度は深々と礼をして、それから家の中に入っていったの。私は驚いて追っかけて、「お母さん、いつもあんなお祈りしとると？」と聞いたら、「ああ、雨の日も一日も欠かさずやっとる」と。（中略）私は本当に幸せですよ。こうやって無条件に信じられるもの、それが本当の母の愛じゃないかと思うんですね。

このような体験を経て、山崎氏は、人間は「産まなくたって母にはなれる」と考えるに至ったといいます。

山崎氏の話から、私は、知人のある女医さんの話を思い出しました。

彼女もひと頃、実母との折り合いが悪い時期があり、人生のさまざまな時期に出会った女性たちを、そのつどの母親代わりにしていたということでした。研修医時代には医局の秘書を、子育て中は近所に住んでいた知人の中年女性がそうだったといいます。しかし、最も大きな母親的存在は、日本人ではありませんでした。

彼女は医師になってすぐドイツに留学するのですが、フライブルクの下宿先で、彼女を娘のように可愛がってくれたドイツ人の老夫婦を実の両親のように慕っており、数年に一度のドイツ旅行を「里帰り」と称するほどでした。

なるほど、確かに血縁は無条件に母性を保証してはくれません。むしろ母性とは、人生のおりおりに自ら求め、探し当てていくべきものなのかもしれません。

海外の事例

ところで、こうした母娘関係は、日本人に独特のものなのでしょうか。

先ほど紹介した村本邦子氏のように、このような母娘関係は女性や母性が抑圧されている社会に特有のもの、という考え方もあります。しかし、これも先ほど述べたように、私の仮説はその反対です。むしろそうした抑圧が少ない国ほど、母娘関係の葛藤もみえやすくなるのではないでしょうか。現に、母娘関係を扱った本は、むしろ翻訳物のほうが充実しているほどで、そこに描かれている「問題」の性質は、日本の母娘関係とそれほど大きな違いはないように思われます。

そのうち分析的な内容のものについては後で扱うこととして、ここではキャロル・セイラインとシャロン・J・ウォールムスによる写真入りのインタビュー集『母と娘』（メディアファクトリー、一九九八年）を紹介しておきましょう。

この本には、スーパーモデルのシンディ・クロフォードや女優のジェイミー・リー・カーティスなどの著名人を含む、二九組の親子の肉声が取り上げられています。訳者の池田真紀子氏が書く通り、そこには実にさまざまな組み合わせがあります。理想の女性像としての母親、反面教師としての母親、夢を娘に託す母親、娘を支配しようとする母親……。この本からは、さまざまな意味で問題を抱えた三例の母娘をピックアップしてみましょう。

最初のケースは、漫画作品「キャシー」（CATHY）で知られる作家、キャシー・ギーズウィットと、その母アンの母娘です。母親であるアンは、漫画家としては成功したものの結婚しようとはしないキャシーのことに気をもんでいます。キャシーはそんな母親の願望を漫画のネタに使ったりもしますが、実際の母親は結婚や孫の話はめったにしません。ただ、アンはキャシーが赤ん坊だった頃から、娘の結婚に備えて銀の食器を少しずつ買い与えていました。キャシーが三五歳の時点で、この嫁入り道具はフルセット揃ってしまい、アンは夢を諦めざるをえなくなります。

アンはいつでも陳腐なセリフで娘をほめちぎり、キャシーはそんな母親との関係を冷静に分析します。「本物の献身、気遣い、苛立ち、友情、愛情、自立の欲求、甘えたい欲求、そんなものが複雑に絡み合った関係。（中略）強情。意地っ張り。好戦的。怒りたくなくてもつい怒ってしまう。ただ逆らうのが楽しくて逆らう」と。

アンはアドバイザーとしても完璧です。そもそもキャシーが漫画家になれたのも、アンが図書館で漫画の売り込み方と売り込み先のリストを調べ上げてくれたおかげでした。アンはそれでもあきたらず、ヨガの教習ビデオ、健康関連の書籍、アン・ランダーズの人生相談などの資料を、手紙つきで大量に送り続けます。

かつて作家志望だった母は、娘の成功に自分の夢を託しているのです。しかしキャシーは、アンのあまりにも完璧なアドバイザーぶりに、時おり苛立ちを隠せません。自分から忠告を求めておきながら、忠告されたこと自体に苛ついたりしています。何をするにも母親の了解を得たいと思い、そう思う自分に苛立ちながら、母親からのアドバイスがいつも正しいことが気に入りません。

しかしキャシーは四一歳にして、ついにある決断をします。女の子の養子を貰ったのです。自分が母の立場に立って、母と娘の関係を、もう一度生きてみたかった。そうキャシーは説明します。この決断は、この母娘関係の複雑な感情の絡みあいを、実に見事に象徴しています。

愛と思いやりの戦い

しかし、アンとキャシーのように、ほどよく思いやりを発揮しあえるような母娘ばかりではありません。思いやりで相手を縛りつけあうような関係性もあります。ジャクリーン・ナリとその母、ルイーズ・ナリの関係がそうであるように。

母ルイーズにとって、娘のジャッキーは「すべて」です。過保護と恨まれていることを自覚しつつも、ルイーズはジャッキーに尽くすことをやめられません。

子供の頃愛されず虐待を受けたルイーズは、娘の適切な愛し方がわからないのです。そのため、自分が与えられなかったものをすべて、ジャッキーに与えようとします。ピアノのレッスン、ダンスのレッスン、スケート、カトリック・スクールなどなど。この態度は、たとえ娘が大人になっても変わりません。しかしジャッキーにとって、それは人生を支配されることに等しいのです。

「母への恨みは半端じゃないわ。母がありのままの私を認めてくれることなどめったにない。いつでも理想のジャッキー像を私に重ね合わせる。もっと寛大で、もっと平凡な女性をね。現実のジャッキーは母親の保護など必要としていないのに、母にはそれがわからない。だから私はテフロン加工された防護服で身を守り、母がべったりくっつくことができないようにしているの」。

ジャッキーは、母のことを「ルイーズ」としか呼びません。つまりこれも「防護服」のひとつなのです。

二人のやりとりは率直です。たとえばジャッキーは、母にいいます。「(あなたは)決して私を一人にしてはくれなかった。あなたは自分の人生を生きようとしなかった。他人に押しつけられた人生を生きていたのよ。だけど私は、私なりに自分の人生を生きていこうと頑張ってる。私たちはまったく違う目標を持って同じことをしようとしている、別々の人間なのよ」。しかし母はこんなふうにしか答えられません。「でも、あなたを愛してるのよ。あなたは私の人生そのものだわ」と。

このように、時には愛することそのものが、戦いの様相を呈することもあります。愛と思いやりの戦いは、きわめて困難な戦いです。それは、死と別離によってしか終わらせることができません。それゆえ母娘の戦いは、いつ果てるともなく続いていくのです。

互いに傷つけあう関係

次に紹介するのは、こうした愛と憎しみの両価性が、極限までもつれあったかのような母娘関係です。ミシェル・フライマンと、その母、ジャネット・ハウアケンは、互いに深く傷つけあいながら、ベルクロの粘着テープのようにくっつきあって離れようとしません。

ミシェルは自分が思春期を迎えたとき、母親にいかに傷つけられたかを克明に覚えています。たとえば二人が一緒にバーに行くと、母ジャネットは娘と同世代の男性たちとダンスして見せ、自分の魅力を娘に見せつけたとミシェルは主張します。それ以来、ミシェルは母と外出することをやめてしまいました。しかしその一方で、ミシェルは母親を誇りに思い、大切にしてあげたいとも考えているのです。

他方、母親のジャネットも、相矛盾した感情を娘に向けずにはいられません。

「この子は私を手ひどく傷つける。私がこの子を深く傷つけてしまうのと同じように。ミシェルは、私を侮辱し、私に屈辱を味わわせる。そうやって爆弾を投下するだけ投下したら、さっさと部屋から逃げ出し、あとは知らん顔よ。私と対峙しようとはせず、私もこの状況を打開する方法を知らない」。そして二人は、本当に必要なときに相手がそばにいてくれなかったといっては、互いに非難しあうのです。

ミシェルが認めるように、この二人の葛藤は、互いに似過ぎているところに原因があるのかもしれません。「私はママそっくりだわ。それが死ぬほど怖いの。そっくりなんだもの。体つきもそっくり。話し方も。声も。顔も。髪も」。そして彼女は問います。「ママそっくりだとしたら、私はどうやったら私になれるの？」と。

母による娘の支配

こうしてみてくると、やはり日本だから欧米だから、といった区別は、あまり意味がないように思われます。母娘関係の問題は、文化の垣根を越えて普遍的に存在するかのようです。

ただ、単純に比較していえば、海外のケースのほうが問題の構造がしっかりみえやすい場合が多いようには思います。とりわけはっきりしていることは、ほとんどの問題が、心理的な距離の近さから生じているということです。山崎朋子氏のように、実母との距離をとることができた場合は、血縁関係以外の場所に母性を求めていくことも可能になります。多くの問題は、成人してからも密着ないしそれに準ずる距離感が保たれている場合に生じているように思われます。

近い距離のもたらす問題とはなんでしょうか。そのパターンは、なかなか多種多様のようにも思われます。虐待的な関係、傷つけあう関係、過干渉な関係、一卵性母娘の関係などのように。こうした関係性を細かく分類する試みもあるようですが、私はあえてそうした方法はとりません。関係のあらわれはいかに多彩でも、その本質は比較的シンプルであるという立場をとるからです。すべてのパターンに共通することは、母親による娘の支配、これに尽きます。

もちろん、虐待関係と一卵性母娘のような関係は、大きく異なってはいるでしょう。は、いかなる場合であれ、母の能動性と娘の受動性という組み合わせは変わらない、ということです。この能動―受動という区別は、実際の行動パターンよりも「どちらがコントロールする立場か」という区別であるとご理解ください。

漫画家のキャシー・ギーズウィットの場合などは、母親の側があくまでも控えめで、娘の人生にでしゃばらないように注意深く振る舞っているかにみえます。しかしそれでも、キャシーは母親のアドバイスが的確過ぎるといって、母親を非難するのです。たとえ母親の側が、露骨なコントロールの意図をみせなかったとしても、娘の側は敏感にそれを読み取り、苛立ちを感じながらもそれに従ってしまう。

以上みてきたように、母娘関係の多様性は、こうしたコントロールのやり方や、その意図が露骨かどうかといった点における違いにほぼ集約されるといっていいでしょう。後で述べるひきこもり事例などのように、見かけ上は娘が母親を虐待したり支配したりしているようにみえるケースも例外ではありません。母親が娘による虐待を許し、その生活を支えるということを抜きにしては、その行為自体が成立しなくなるでしょう。

もちろん「コントロール」という問題には、それがつねに「コントロールする立場をとらされる」

という反転の契機が含まれていますが、本書ではそちらについてはあまり深入りしません。最初にコントロールへの欲望を持つものはつねに母親であり、その欲望ゆえにさまざまな問題が起こるということ。まずはこの程度に、シンプルにとらえておいてよいかと思います。

2 密着し過ぎる母と娘――臨床ケースから

母親犯人説の誤り

この本を書きはじめてまもなくのことですが、ある講演会で、私は一人のひきこもり当事者の女性から質問を受けました。自分は母親との関係について悩んでいる。あなたの本の中で、そういう問題についてふれたものはないか、と。今まさにそういう本を書いているところです、と答えましたが、実はこうした質問ははじめてではありません。

長期間家にひきこもって生活している人たちは、家族との関係になんらかのストレスを感じています。ほとんどの場合、ストレスの原因は、ひきこもりを面白く思わない家族との対立関係によるものです。ですから、ひきこもりの人たちは、多かれ少なかれ、家族との関係に悩んでいるはずなのです。しかし、この種の質問をしてくるのは、ほとんどの場合女性です。ひきこもる娘よりもひきこもる息子たちのほうが圧倒的に多いにもかかわらず、これはいささか奇妙なことのようにも思われます。

さて、この節では、私の臨床経験にもとづいて、母娘関係の難しさを考えてみたいと思います。臨床家が母娘関係について語るなら、まずは「原因としての母親」「犯人としての母親」ということになりがちです。

今はかつてほどではありませんが、一時期、さまざまな精神障害を母親の養育方針のせいにする理論が流行しました。「母原病」から「バッド・マザー・セオリー（悪い母親理論）」、あるいは「三歳児神話（乳幼児期は母親が育児に専念しないと子供に問題が生じる、といった説）」などもここに含まれるでしょう。はなはだしきは、脳の疾患であることがわかっている自閉症まで、母親の育て方が原因、とされた時期もありました。

私自身は、そういう仮説にさしたる関心はありませんし、実はあまり信用もしていません。家族関係というのは、ある種のトポロジカルな関係のことを指すのであって、その構成員が必ずしも、生物学的な家族である必要はない、というのが私の基本的な考え方です。親を責めるだけでいいのなら、臨床業務はたいへん楽になるのでありがたいのですが、楽なばかりで実りは多くありません。

仮に母親の育て方が病気の原因という説が正しかったとしても、本書ではそうした説について詳しくはふれません。ただ、母娘関係が抱え込みがちな問題の構造を、よりきわだった形でみせてくれる形式として、やはりさまざまな臨床病理についてふれないわけにはいきません。

これから、時には事例にもとづきながら考えていきたいと思いますが、ひとつお断りしておきます。提示する事例には、私が経験したものもあれば、論文から引用したものもあります。プライヴァシーに配慮して、いずれも細部は変えるかぼかした形で提示しています。

「母親的なもの」の典型

母娘関係の難しさといえば、私がよく思い出すのはこんなエピソードです。

娘さんの不登校の相談を長く受けていたケースです。母親の存在感があまりにも強烈で、すでに二十代となった娘も母親による支配を当然のように受け入れてしまい過ぎている印象がありました。もちろんそれで問題が起こらなければ、まあそれはそれでひとつの生き方、という考え方もできます。しかし、娘の問題は不登校にはじまり、学校を卒業後は、異性関係が適切に持てないことに変わりつつありました。

その原因は、主に自分の容貌に関する劣等感と、異性関係を持つことに対する強い罪悪感で、いずれもこの強大な母親の影響下にあることは間違いないように思われました。付き添っていた母親から「私はどうすればよいか」と詰め寄られて、思わずこう答えてしまいました。ふだんの私は、患者さんや家族には、あまり断定的なことはいわないように気をつけているのですが。

「まずお母さんが、娘さんの生き方をコントロールするのをやめてみてはいかがでしょうか」。

この指摘に母親は激怒しました。身に覚えのないことで誹謗《ひぼう》中傷されたと、訴訟を起こさんばかりの勢いで罵《ののし》られました。しかし私自身も、昨日や今日の思いつきでそうした発言をしたわけではありません。それは私の印象に過ぎませんが、しかしこの母娘と何年か関わる中で確信するに至った考えです。そのことを説明しようとしたのですが、感情的になった母親はまったく納得してくれません。

結局この出来事がきっかけで、治療関係は中断してしまいました。しかし私は今でも、あの母親の怒りは、まさに私の指摘が図星だったためのものであると考えています。ただ、もう少しタイミングや表現を工夫すべきだったかな、と反省することもないではありません。

思えばその母親は、予約もなしに当然のように来院したり、所定の面接時間をオーバーしても強引に話し続けたり、会社役員の一家であるという特権意識をひけらかしたりと、治療者としてはちょっとつきあいづらい人でした。まるで「悪い母親」的なものを凝集したかのような存在感に刺激されて、私自身もつい感情的に反発してしまったのかもしれません。

このような、母親的なものへの過剰な反発は、治療者としての私の弱点かもしれません。もっとも私自身の母親との関係はそう悪いものとは思えないので、この感情が何に起因するかはよくわかりません。

ただ、このケースをきっかけにして、私は母親の支配力が、時としていかに強力なものになりうるかを学んだ気がします。こうした経験が、私にこの本を書かせるきっかけのひとつになっていたとすれば、私はあの母親に感謝すべきなのかもしれません。

摂食障害の事例

さて、臨床場面で母娘関係が問題となるとすれば、まず摂食障害の事例が念頭に浮かびます。後で詳しく述べますが、摂食障害はそのほとんどが女性であるため、その家族病理に関する研究は、ほとんどが母娘関係に関わるものとなります。

そうした病理が、摂食障害の事例にのみあてはまるものかといえば、必ずしもそうではありません。むしろ、まだ病的とはいえない母娘関係についても、応用できる発想が至るところにあります。

これは、ある家族療法の本に紹介されていた事例ですが、典型的ともいえるケースなので、ここに紹介しておきましょう。

A子さんは二三歳の女性で、就職をきっかけに過食・嘔吐・無月経の症状が出現し、精神科を受診しました。彼女の母親は、彼女の症状が何かのたたりで生じたのではないかと考え、ある宗教団体に入信し、A子さんにも入信するよう強制しました。はじめは半信半疑だった彼女も、そうしたたたりの存在を信じるようになり、母親とともに集会に通いはじめました。

精神科医にこの点を聞かれると、A子さんは「お母さんは私のことですごく辛い思いをしているんです。私のことをなんとかしたいと思って、自分の仕事を犠牲にしてそこに通っているんです」と母親を弁護します。一方母親は「この子は私がいなければ何もできない。本当に駄目な子で、いつも私が何かしてあげるのを待っている」とまくしたてます。

A子さんと母親は、このように強い絆で結ばれながら、母が子の本当の欲求を読み取れないまま自分の価値観や感情を押しつける関係が続いています。生まれたときからそういう環境だったために、A子さんは自分自身の感情や情緒、欲望などを読み取れず、また独立した一個人としての自分の考えも主張できなくなっています。

これは、見方によってはA子さんが母親に、摂食障害の症状によって抗議している、と考えることもできるでしょう。ただしそうした抗議の身振りについて、A子さんは十分に意識できていません。母親との強過ぎる結びつきや、とりわけ支配的に振る舞う母親の権力におびえ、反抗など思いもよらない状態におかれてきたからです。

依存関係が強過ぎる例

もう一人の事例、B子さんの場合には、こうした密着傾向が、また異なった形で表現されることになります。

B子さんは二〇歳の女性で、著しい体重減少と無月経のために精神科を訪れました。彼女は成人年齢に達しているにもかかわらず母親と幼児的な依存関係にあり、つねに行動をともにし、一切隠しごともしませんでした。

母親もまたそんなB子さんを熱心に世話し、父親は一歩引いて見守るという態度でした。両親間の会話は娘のことばかりで、互いの不満を口にするようなことはありませんでした。このようにB子さんは母親と密着し過ぎた関係であり、六歳年上の姉とは一緒に遊ぶ経験もなく、そのためかほとんど友達らしい友達もいませんでした。

B子さんのようなケースは、私は摂食障害よりもひきこもりの事例に多いような印象がありますが、このような親子関係もまた、ひとつの典型とはいえるでしょう。

次の事例は、摂食障害に境界性人格障害が加わったC子さんの場合です。

C子さんは二二歳の女性で、母親と二人暮らしです。C子さんと母親は、互いにべったりと依存しあいながら、そのことについて互いに不満を感じています。たとえばC子さんは次のようにいいます。「私が友達と旅行しようと計画すると、お母さんはいつも、お母さん一人おいていったらお母さんはどうすればいいのって怒るんです。お母さんはさびしいんですね。それがわかるから、私は旅行に行けないんです」。

ところが、母親の言い分を聞いてみると、母親は母親で「C子は甘えん坊で困ります。さびしがるので私は旅行にも行けないんです」という。

この場合は、互いの依存関係が強過ぎるので、問題が起きているパターンと考えることができるかもしれません。

もちろん、摂食障害の原因は、母娘関係だけとは限りません。最近では、さまざまな生物学的要因も指摘されているようです。ただし本書では、この疾患の原因を、脳ではなくて心の問題にある、と考えることにします。よく知られる通り、この疾患の流行には、痩身願望やダイエット・ブームといった、ごく最近の風潮が深く関与しているからです。もし脳に少しでも原因があるとしたら、この疾患は時代や地域を越えて普遍的なものであったはずでしょう。

「ゴールデンケージ」——母の期待に応える娘

さまざまな文献を読んでみると、摂食障害の家族病理は、本書の扱う母娘関係の問題に通ずる要素を、数多く含んでいるかのようです。

たとえば、摂食障害研究の第一人者で、古典的な名著『ゴールデンケージ』(星和書店、一九七九年)で知られる精神科医、ヒルデ・ブルックは、次のように考えました。

摂食障害の家族では、いわゆる崩壊家庭は少なく、中流以上の階層で愛情を持って子育てがなされていることが多く、はっきりした「病理」は目につきません。しかし、見かけ上は平和な家族関係の裏に、強い緊張を秘めていることがよくあります。

母親は自信を持って子供に接しているのですが、その接し方は子供の欲求とはかけ離れたものになっています。このため子供は、自分が親からコントロールされ過ぎていると感じがちです。つまり、はた目には恵まれた家庭に見えても、子供は母親の期待や拘束で自由を奪われていると感じるのです。『ゴールデンケージ』(金の鳥かご)というタイトルには、恵まれた状況によって拘束されている、という彼女たちの逆説的な状態が暗示されています。

ブルックの本でひとつ興味深いのは、ある回復した患者の言葉です。彼女は、その鳥かごを作り出したのは自分自身だったかもしれない、といっているのです。これはどういうことでしょうか。

家族、とりわけ母親との関係の間で、次第にひとつの行動パターンができあがってしまうことがあります。すると、子供はしばしば、進んで自分の気持ちを抑え、両親の期待と満足のためだけに行動するようになってしまうのです。

ブルックの本は今も読まれてはいますが、そこで紹介されるような典型的な摂食障害のケースは、最近では少なくなったともいわれています。しかし、今この本を読み直してみると、そこに描かれた病理は、別の意味で普遍的なものになりつつあるようにも思えるのです。

母親によるコントロールという点もさることながら、時に娘の側も、葛藤を感じつつもコントロールされる側に甘んずる、という指摘。これは、現代の母娘関係にも十分に該当するものでしょう。してみると、今や「ゴールデンケージ」は至るところにある、ということになるのでしょうか。

誤解や感情の押しつけ

ブルックの指摘でもうひとつ重要なものに「代名詞の混乱」があります。

摂食障害の家族は、それぞれが自己中心的でありながら、お互いの結びつきは強く、思考や感情を共有する傾向がみられます。問題は、お互いが相手の考えていることをすべて理解しているかのように振る舞い、本人がどんなに「それは違う」と主張しても、自分の推測や理解を相手に押しつけようとすることです。これが「代名詞の混乱」です。

もちろんこの傾向も、摂食障害の家族に限ったことではありません。こじれた母娘関係においては「うちの娘はこうだから」「お母さんはああいう人だから」という決めつけや間違った理解の応酬がしばしばみられます。

ここには、自分の感情を相手のものと錯覚する「投影性同一視」のメカニズムも関わってくるでしょう。これはたとえば、本当は自分が相手に怒りを感じているのに、まるで相手が自分に対して腹を立てているように感ずるような場合を指しています。投影性同一視は、単にこうした錯覚をもたらすのみならず、その錯覚を相手に押しつけ、相手の行動や感情に影響を与えることすらあるといわれています。たとえば、相手から「あなたは怒っている」という誤解が繰り返し押しつけられると、本当に腹が立ってくることがあるように。

最初に支配的であったのは母親の側であるとはいえ、こうした形で誤解や感情を押しつけあううちに、その関係性はたいへんややこしく、錯綜したものになっていくでしょう。

あるいはここで、疑問を感ずる方もおられるかもしれません。「そうした関係は、母娘関係に限ったことではないのではないか。母と息子や、父と娘との間でも生ずるのではないか」というふうに。

もちろん、そうした可能性は否定できません。しかし、母娘関係以外でそうした関係が成立することは、実際にはめったにみられないことです。それには、いくつかの理由があります。

ひとつは、感情面での共感や同一化は、同性同士のほうがずっと深いレベルで起こりやすい、ということです。ここには身体性の問題が深く絡んでくるのですが、それについては第四章で詳しく述べることにします。ただし、同性同士といっても、父と息子の組み合わせは、ずっと単純なものになります。父と息子は、一般的には、単純な対立関係や権力闘争になりやすいからです。父は息子を押さえ込もうとし、息子はそれに反発するか、しぶしぶ従うかのいずれかですね。

ところが母と娘の権力関係は、共感と思いやりによる支配、といった、はるかに複雑な様相を呈しています。母は娘に対して「あなたのためを思って」という大義名分を掲げながら、実際には自分の願望と理想を押しつけようとします。娘は母親の欲望を先取りするかのように、表面上は反発しつつも、そうした支配に逆らうことができなくなります。この構図は、自覚される場合もされない場合もあるようです。このように、深い理解と共感によって互いを拘束しあう関係は、やはり母娘関係にある程度限られてくるのかもしれません。

ひきこもりにみる性差

さらにここには、社会的な要因が絡んでくることもあります。

私の専門は「ひきこもり」ですが、そこでは、しばしば性差が問題となります。よく知られている通り、ひきこもりには一般に男性が多い。統計の取り方によっても異なるのですが、だいたい全体の七～八割を男性が占めているようです。もちろん現場での実感としても、ひきこもりは男性の問題、という印象は根強くあります。

こうした性差の理由については、もちろん生物学的な要因も考慮しておく必要があります。しかし実は、私自身はそんな「生物学」など、ぜんぜん信用していません。冒頭でお断りしておいたように、私は本書において、性の問題をあくまでも「ジェンダー」の問題として考えます。つまり、性にまつわる現象を考える場合に、社会・心理的要因を第一に考える、ということです。

ですから、ひきこもりの問題を考えることは、日本社会におけるジェンダーのさまざまな問題について考えることに、そのままつながります。ここからしばらくの間、母娘関係と直接には関係のない話が続きますが、最終的には関係してくる大切な話題なので、少しご辛抱願います。

なぜひきこもりは男性に多いのでしょうか。

まず考えられる最も単純な説明としては、いまだ健在な男尊女卑的な社会構造に求められるでしょう。少なくとも「女が強くなった」「男なんかよりも女のほうが元気だ」などといわれているうちは、この構造がまだまだしっかりと安定して存在するものと考えて差し支えありません。

社会的構造、という言い方をしましたが、おそらく今の日本において、ジェンダー間の格差なるものは、権利上は限りなく存在しないに等しいといいうるでしょう。なんらかの願望や行為を実現するに際して、男性よりも女性のほうが決定的に不利になるような場面は、少なくとも制度上はほとんど存在しなくなりました。

しかしその一方で、事実上のジェンダー格差は歴然と存在します。それらはたとえば、さまざまな日常場面における微妙な偏見や差別、あるいは暴力などとして表現されます。

世間体という価値規範

しかし、それればかりではありません。最大のジェンダー格差の発生源は、なんといっても「世間」です。世間とは価値判断を予期することによって成立する価値判断の体系、というきわめて特殊でややこしい価値規範です。言い換えるなら、存在するとしか思えない「世間様」の視線に自分がどう映るか、この一点のみを価値規範とするような、きわめて特異な判断のシステムです。

私の知る限り、世間システムが最も強力に機能しているのは日本と韓国ですが、両国に共通するのは最も近代化に成功した儒教文化圏、という点です。とりわけ儒教的な家族主義の支配は強力で、日本においてもこうした価値判断は十分に機能しています。

共同体の存続可能性を重視する価値体系としての「儒教文化」には、原理主義への暴走が起こりにくい保守思想としての長所もありますが、本書の趣旨からは外れますので多くは述べません。ただ、儒教文化の根底にある家族主義（「孝」の概念など）は、明白に男尊女卑的側面を持っています。

この価値規範と「世間」は、深いところでつながっています。それゆえ世間は、「家族主義」に逆らうものを徹底的におとしめ、はずかしめようとするでしょう。非婚の成人女性が、世間から「負け犬」（酒井順子氏のオリジナルとは異なった意味で）などと冷遇されがちなのは、このためもあるでしょう。

「女性の自立」がいけないのではありません。「家族を持たないこと」がいけないとみなされるのです。自立した女性として世間から受け入れられたければ、平均以上の社会的成功と同時に家庭では良妻賢母を務めるという、およそ人間業とは思えない超人的役割を引き受けなければなりません。やむをえず、後者については演ずるだけでごまかそうとする女性がいたとしても、私は彼女を責めようとは思いません。

このように、世間体という価値規範は、制度上は透明になってしまったぶんだけ、いっそう隠微に浸透し、むしろ自明化すらしつつあるように思えます。それはさまざまな場面で、思いのほか強力なプレッシャーとして機能することになるでしょう。

たとえば、昔ほどではないにしても、男子には女子以上に「社会的成功」へのプレッシャーがかかりがちです。良い成績、良い学校、良い大学、そして良い仕事。子供時代からこうした期待感に晒され続けることで、男女における社会的振舞上の性差は否応なく拡大してしまいます。

結果的に男子は、自分の置かれた立場や地位へのこだわりが強くなります。それというのも、男子のアイデンティティーは、広義の社会的地位によって保証されるように「教育」がなされるためです。「広義の社会的地位」とは、家系や学歴、職歴や職場での地位などといったオーソドックスなものから、自らの趣味嗜好、あるいは趣味のサークルにおける立場などまでが含まれることになるでしょう。言い換えるなら、この種の「地位」をもし確保できなければ、それは男子の最大の危機である、「立場がない」という事態に陥ってしまうでしょう。

ところで女子についていえば、男子ほど社会的期待の重圧は強くかかりません。今なおそうであるのが不思議なほどです。たとえばこの「性差」を最も顕著に示しているのが、「浪人」の問題でしょう。大学受験浪人を数年以上も続けるような状態を「多浪」と呼びますが、これはほぼ男子のみに限られた現象です。

もちろん女子だけ浪人年数が制限されているわけではありません。にもかかわらず、女子はほとんど多浪しません。なんら制度の制約なしに、これほどはっきりした性差が認められるからには、そこには確実に世間的価値観が反映されているはずです。

男性は立場を、女性は関係性を求める

先ほども述べた通り、男性は社会的地位へと向けた世間からの重圧が強く作用するため、いきおい学歴も重視されることになります。言い換えれば、男性については、結果的に良い大学に入りさえすれば、何年浪人したかどうかはあまり問われない、という価値観のもとで生きているのです。このため良い大学に入るには、数年程度の回り道ないしモラトリアムはあっさりと許容されてしまうのです。

これに対して女性の場合は、多浪して良い大学に入るよりは、あまり回り道をせずに実力相応の学校を出てすぐに就職し、いずれ結婚して家庭に入る、というコースへの期待度が強い。それゆえ女子のモラトリアムが許容されるのは、とりあえず卒業した後、ということになります。

以上を単純化していえば、わが国における男子のモラトリアムは就労を前提として学卒前に保証されており、女子のモラトリアムは結婚を前提として学卒後に保証されることになるのです。男子

の「浪人」や「留年」に該当するのが、女子の「家事手伝い」や「花嫁修業」ということになるのでしょう。

ところで「ひきこもり」のほとんどは、今や就労のつまずきとして問題化します。もはや学校に籍がなくなった状態で、親に経済的に依存しながら、あまり自宅から出掛けずに生活する成人男女。今までの話の流れからすれば、世間が男女のいずれを非難するかは容易におわかりでしょう。そう、就労せず親のすねをかじることの責めは、男性のほうがずっと強く負わなければなりません。

職も所属もなくても、女性ならば将来の結婚を担保として、強い批判をかわすことができます。また実際に、彼氏ができたり結婚したりすることで、ひきこもりから脱出する女性も少なからず存在します（もちろん結婚＝ひきこもりの解決、とばかりはいえないのですが）。しかし男性は、職がなければ恋愛や結婚すらも困難です。それゆえひきこもり男性に対しては「一刻も早く働け」という圧力しかありえないのです。

これに「ひきこもっている自分」への恥の意識が加われば、ここに「ひきこもりスパイラル」とでも呼ばれうるような悪循環が生じてしまいます。「ひきこもっている自分が恥ずかしい」→「恥ずかしいから人に会いたくない」→「人に会いたくないから外出したくない」→「外出を拒否してますますひきこもる」→「ひきこもる自分が恥ずかしい」というような堂々巡りです。

逆に、ひきこもっていることに対する恥の意識が薄ければ、こうした悪循環は生じようがありません。ひきこもっている状態が「家事手伝い」と呼ばれることで批判や圧力を免れれば、恥の意識も生じにくくなり、こうした悪循環は免れやすくなるでしょう。おそらく女性のひきこもり事例の数が比較的少ないのには、こうした事情も関わっていると私は考えています。同じ意味で、男性のひきこもりにも、世間が納得するような新しい呼び名があれば、ひきこもりの数も減るはずです。少なくとも私は、本気でそう考えています。

さらに、男性よりも女性のほうが「関係性」のありように敏感であるという事実も重要です。男性がつねに「立場」を求める生きものなら、女性は「関係」を求めているとすらいいうるでしょう。ひきこもり状態は、いっさいの社会的関係を絶つことにつながるため、女性は男性以上に、そうした事態に対する抵抗が強いのかもしれません。

これは私の印象に過ぎませんが、いったん女性が本格的にひきこもってしまうと、それはしばしば、男性以上に徹底したものになりがちであるように思います。とりわけ母子関係における退行、すなわち「子供返り」の程度において、時として女性は男性以上に母子密着状況を求める傾向があるようにすら思うのです。

母子の密着関係

一般にひきこもりで問題になるのは、母子の密着関係です。この密着があるがために、ひきこもりからの離脱はいっそう難しくなります。もちろん、こうした密着そのものは、息子であれ娘であれ起こりうるものです。ただし、密着のありようにおいて、息子と娘はかなり異なっているのです。

たとえば息子の場合であれば、その関係はかなり単純なものになります。これは、もちろん、良好で安定した関係という意味ではありません。それどころか、しばしば起こるのは、母親の息子への一方的な従属、あるいはほとんど隷属関係だったりします。

あくまでも個人的印象ですが、隷属している母親たちの中には、隷属状態を必ずしも嫌悪していないのではないか、と感じるケースが少なからずあります。彼女たちはしばしば「なぜわがままな息子のいいなりにならなければならないのか」という言い訳を考えるために知恵を絞っているようにみえるからです。息子をある程度突き放す行為に、治療者として私がどれほど合理的根拠を与えようとも、母親たちは行動によって反論してきます。その限りにおいて、母親たちの行動には矛盾も葛藤もありません。

しかし、これが娘となると、事情はだいぶ異なってきます。娘の場合、関係性は両極端に分かれる傾向があるようです。あたかも友人関係のように、良好な距離感で同盟を組む関係があるかと思えば、互いに傷つけあうような、こじれた密着状態にある場合も少なくありません。密着の場合は、しばしばそこに娘による暴力も伴うことになりますが、いずれにしても、依存の度合いが息子の比ではなくなっていくような印象があります。

ある女性のひきこもりケースでは、二十代後半まで母親と同居していたのですが、この母親があまりにも過保護・過干渉で、しょっちゅういさかいが絶えませんでした。このため、娘は時に暴力に及ぶこともありました。悪いことには、娘は喧嘩するたびに寝室にひきこもってしまうため、なかなか社会参加がうまく進められないのです。もちろん治療者は、何度も母親に冷静な対応をするように説得を重ねました。しかし、ひとたび口論になると双方どうしても感情的になってしまい、互いにゆずらないままこじれてしまうことが多く、何年も膠着《こうちやく》状態が続きました。治療者は万策尽きた思いで、娘が家を出て別居してみることを提案しました。経済的な支援はあるとはいえ単身生活ができるかどうかには不安もありましたが、思い切って踏み切ったところ母親との距離もとれて安定し、ようやく小康状態となりました。

このケースに限らず、別居してみてようやく安定したという母娘関係のケースが多数あります。臨床経験からの印象に過ぎませんが、母親と息子の関係には、異性であるがゆえの親密さがあると同時に、異性であるがゆえの距離感が最後まで残るのではないでしょうか。しかし母と娘は、ひとたび密着が進行すると、果てしなく一体化していく傾向があるように思います。一体であるがゆえの愛憎の激しさは、しばしば家庭を、双方にとっての地獄に変えてしまうでしょう。やっかいなことには、こうした愛憎関係は、つねに意識されているとは限りません。はた目には異常なほどの密着関係、依存関係がありながら、当事者はまったくそれを自覚していないということもしばしばあります。

家族病理の五つの特徴

ここで再び、摂食障害に戻りたいと思います。前にも述べた通り、摂食障害の家族病理は、摂食障害という問題を越えた広がりと普遍性を持っています。先ほどはヒルデ・ブルックを引用しましたが、今度はシステム理論を応用したサルバドール・ミニューチンの説をみてみましょう。

ミニューチンは、摂食障害の家族について、五つの特徴を提唱しました。しかし、一読しておわかりの通り、これらはすべて、「ひきこもり」の家族、あるいはまだ病んでいるとはいえない家族にも該当するものばかりです。具体的に検討してみましょう。

（1）インメッシュメント：家族のそれぞれが、互いに網目のように強く深く結びついており、個々人の変化や家族間の関係の変化が、すぐさま全体に影響を及ぼすような状況です。具体的には、互いの距離が近過ぎたり、力関係が一方的だったり、子供が親を支えていたりします。このため子供は、親から自立して自我を育むことができません。むしろ家族に配慮して自分を押し殺してしまうことになります。

（2）過保護：読んで字のごとしですが、家族が互いの幸福にゆき過ぎた関心を抱いているという状況で、この関係も子供の自立をさまたげます。関係において自立よりも重視されるのは、保護と忠実さです。

（3）硬さ：子供が成長して成人すれば、親子関係も変わるのが当然です。しかし一部の親は、子供が思春期を迎えても、成人してからも、ずっと「子供扱い」を続けようとします。たとえば、純粋な善意から、親の意向を子供に際限なく押しつける、といった態度が常態化します。なじんできたコミュニケーションのパターンに固執して、変化すべきときに変化できないことが問題を起こすのです。有害とわかっていても、ひきこもっている子に叱咤激励《しったげきれい》をやめられない家族もこれにあたります。

（4）葛藤解決能力の欠如：葛藤が存在するにもかかわらず、みないふりをして、表面的な調和を保とうとすることです。こうした傾向も、摂食障害以上に、ひきこもりの事例でよくみられるように思います。たとえば拒食は時に生命の危険がありますが、ひきこもりにはそうした緊急性はありません。みてみぬふりが一〇年以上に及んで、ようやく「何とかしなければ」と思い至る家庭が少なくないのです。

（5）積極的に巻き込まれる子供：両親が夫婦間の葛藤による緊張をやわらげるために、子供の症状ばかりを話題にするということがあります。この場合、子供の側も、自分の症状が緊張をやわらげるうえで役に立つとわかると、その症状はいっそう強化され、安定したものになります。子供がひきこもっていなかったら、とっくに破綻していたであろうと思われるような家庭を数多くみていますと、ひきこもり事例の一部は確かに、ひきこもることで最悪の破綻を食い止めている、といえるようにも思います。

構造的要因かどうかを見極める

もちろんここに列挙した（1）～（5）の項目は、いずれも家族病理であって、母娘関係に限った話ではありません。ただ実際には、容易に想像がつくように、ひきこもっている娘たちのほとんどは、父親よりも母親と過ごす時間のほうが圧倒的に長いのです。だとすれば、ここで述べたような特徴は、母娘関係を考えるにあたっても、その難しさの基本をなしているとみることができるでしょう。

ひきこもり事例にあっては、本来なら非特異的な家族病理であるべきものが、さまざまな社会的・構造的要因によって、とりわけ母娘関係の問題として凝集的にあらわれやすくなります。こうした問題のほとんどすべては、意外にも物理的な距離の近さ、つまり「同じ屋根の下」に暮らしているからこそ顕著になりやすいものばかりです。言い換えるなら、もし母娘が別居していたら起こりえない問題ばかりといえます。それゆえ母娘関係の泥沼から抜け出そうと思うなら、まずは親元から離れるのは最低条件ともいえます。実際にそういう選択をした娘たちも多いことでしょう。

密着によって起こる問題について、もう少し述べておきましょう。

母娘関係について考えるとき、一方の極に娘の人生までも支配してしまうような強権的母親イメージがあるとすれば、もう一方の極にはいわゆる「一卵性母娘」のような親密過ぎるイメージがあります。

たとえば後で引用するキャロリーヌ・エリアシェフ、ナタリー・エニック『だから母と娘はむずかしい』（白水社、二〇〇五年）では、問題のある母親について、「優位に立つ母」「下位に立つ母」「嫉妬深い母」「不公平な母」といった、非常に多彩で網羅的な分類がなされています。いかにもフランス人研究者らしい、百科全書的な気迫が感じられますね。

しかし、このような分類的発想は、かえって問題の本質を遠ざけてしまうようにも思います。むしろ私は、支配的母親も一卵性母娘も問題の根っこは一緒だと考えています。ですから、エリアシェフの分類のような違いは表面的なものであり、本質的にはひとつの問題がさまざまな表現をとっているに過ぎない、というふうに考えています。ここで表現の違いを生む要因には、生育環境や家族構成といった外的要因が、さまざまに関与するでしょう。

密室的、あるいは密着的な対人距離が長期間に及ぶと、そこに時として厄介な問題が生じてくることは避けられません。それゆえこの種の問題は、条件さえ揃えば、夫婦関係、父娘関係、父息子関係などでも起こりえます。母娘関係を考える場合、それが本当に母娘関係だけに特異的にみられるものなのか、あるいは構造的な必然によって起きているものなのか、このあたりは慎重に評価しておく必要がありそうです。

クラインの対象関係論――「分裂」と「投影」

密着した親子関係の問題を考える場合に参考になるのが、精神分析家メラニー・クラインの理論です。クラインは小児の精神分析を通じて対象関係論という一大学派を創始し、現代の精神分析家にもたいへん大きな影響力を持っています。

クラインによれば、幼い子供の対象関係は、われわれの経験する対人関係というよりも、自分の中にある幻想との関係を意味するとされます。たとえば乳児にとっては、母子関係は母親という個人との関係ではありません。むしろお母さんの体の一部である「おっぱい」と関係を結ぶことになります。

このとき母親は、乳児に満足を与えてくれる良い乳房と、欲求不満を与える悪い乳房として別々に認識されることになります。お母さんという存在を一人の人格、一人の人間として認識することは、赤ん坊にはまだ難しいのです。

このため、赤ん坊にとっての母親は複数いることになります。一人の母親が「良いおっぱい」か「悪いおっぱい」かという具合に、別々の対象として認識されるのです。もし自分が空腹で泣いていてもなかなかミルクをくれなければ、目の前の母親が悪いおっぱいと認識されます。逆に、すぐにミルクを与えてくれれば、良いおっぱいとして認識されます。これは非常に未熟な認識ですが、実はこういう対象のとらえ方は、人間に一生ついて回る認識のパターンなのです。

悪い乳房によって不安を引き起こされると、乳児は迫害される不安から、悪い乳房を憎み、むさぼり食ってやりたいというサディズム（「死の欲動」）を発揮します。ここで重要なのは、相手が悪ければ自分も悪くなるという組み合わせです。悪い乳房が攻撃してくる、じゃあ自分も攻撃し返そうと乳児は考えます。こんなふうに、悪い対象が出てくると、自分も悪くなってしまうのです。

乳児はもともと、自分の攻撃性をおっぱいに投影して、それを悪いおっぱいだと認識したわけです。ところが、その相手の攻撃性を今度はもう一回自分に取り込んで、それで再び相手に対する攻撃性として返そうとします。このとき不安があまりにも強いと、乳児の自我は自らを分裂させ、破壊衝動を弱めようとします。でもそのせいで自我はばらばらになり、分裂病（統合失調症）的な解体が生じてしまうのです。

一方、乳児の「生の欲動」は、良い乳房に対して愛情という形で投影され、母親から愛情を向けられることで、乳児の心の中にも取り入れられて、内的な良い対象となります。「生の欲動」は、結合力が弱く不安定な乳児の自我を、ひとまとまりの統合へと向かわせる力があるのです。

お母さんが親切だと子供も愛情を返します。愛情を返すと良い乳房は自分に対してますますやさしくなって、そこで良い循環が生じてくるのです。こうして心の中に、良いおっぱいが良い対象として内面化されていきます。

良い対象があることによって、対象の統合が進んでいきます。こうして、それまで別々にとらえられていた悪い対象と良い対象が、実は同じひとつの対象であることが次第に認識されていくのです。

そのためにも、良い対象を取り込むという過程は欠かせません。良いおっぱいの機能を十分に使うことによって、最終的には対象の統合が起こるということがクラインの主張なのです。

ここまでは一種の善悪二元論です。良いおっぱいが出てきたときは良いボクを出す、悪いおっぱいのときは悪いボクを出す、これがセットになっています。こういう時期のことをクラインは「妄想—分裂態勢」と呼びました。良い—悪いの両極端な判断によって、相手も自分も分裂してしまいやすく、時には被害妄想的になったりもするからです。

ここでもうひとつ、問題となるのが、「投影」のメカニズムです。投影の意味は、先ほども説明した通り、自分の中にあるマイナスなもの、たとえば怒りや攻撃性を自分以外の対象に押しつけて、それは相手のものであると主張することです。

「良いおっぱい」「悪いおっぱい」といったところで、その区別に現実的な根拠があるとは限りません。むしろここでいう「良い—悪い」の判断は、乳児が自分の内面的な「良い—悪い」の判断を、母親に投影しているだけかもしれないのです。

子供返りが起こるとき

ここまででもおわかりの通り、分裂と投影は、お互いにお互いを強めあうような、循環的な関係にあります。この、最も原始的な対象関係のありようは、悪い相手に対しては悪い自分を出す、良い相手に対しては良い自分を出すという態度として、成人にも少しは残っています。大人でもなんらかの事情で子供返りしているときは、しばしば「妄想—分裂態勢」そのもののような態度に陥ることもよくあります。

それでは、こうした子供返りが起こるのは、どんな場合でしょうか。

なんといっても、密着した親子関係において、最もよく起こります。密着の度合いが最も強い母娘関係などは、この典型です。母娘関係の難しさのかなりの部分は、この「分裂」と「投影」のメカニズムで説明がつくように、私には思えます。

たとえば支配的な母親と反発する娘という組み合わせの場合は、悪い相手に対して悪い自分を出す、という分裂のメカニズムにもとづいています。ただし、ここでの「悪い」という判断は、しばしば投影によるものであり、実際に母親が支配しようと考えているかどうかは関係ありません。むしろ娘が「支配している」という感情を母親に投影した結果として、母親が「支配させられている」というややこしい関係性もありうるからです。

あるいは、互いに良い対象であろうと振る舞えば、はた目には仲の良い一卵性母娘のようにみえる関係が成立します。しかし、こうした関係にも問題がないとは限りません。こうした関係が長く続いていると、たとえば母親の中に「この子が私のもとから自立しようとするなら愛情を引っ込めてしまおう」という支配的な気持ち、あるいは娘の中に「わたしが従順に振る舞っているから、母親は愛情をそそいでくれる」という、一種の束縛感が生じてくるかもしれません。

この両極端が、ほどよい関係で安定しにくいのは、「愛すべきか否か」という問題が、幼児的な悉《しっ》無律《むりつ》（全てか無か）として考えられがちであるためです。これは簡単にいえば「愛を拒絶して母親が消え去ってしまう」か、あるいは「愛を受け入れて（母親に飲み込まれて）自分が消え去ってしまう」か、という二者択一しかないということです。難しいのは、この判断が錯覚である場合もあれば、そうでない場合もありうるためです。おわかりの通り、いずれを選択しても心はけっして安らぎません。このため、一方の極からもう一方の極へと、心は揺れ動き続けるのです。

こんなふうに、「母子密着」をベースとして、ここに「妄想—分裂態勢」と「投影性同一視」が加わることで、険悪さから親密さまで、さまざまな関係のグラデーションを描くことができます。

これに加えて、成人の母娘関係をいっそう難しくするのは、母娘関係以外のさまざまな関係性が、投影のメカニズムを通じて反映されるためです。

たとえば母親が嫁姑関係や夫婦関係に強いストレスと不満を感じている場合、しばしば子供が、とりわけ娘が、相談役を担わされます。単に愚痴をこぼすだけならまだしも、娘の中に夫や姑に似た部分をみつけて、そこを非難するという場合もあります。これは「投影」の作用ですね。このとき娘は母親にとって、援助者であると同時に攻撃の対象にもなります。つまり、部分的に保護者の立場になるわけで、娘は混乱しながらも、母親から距離をとることが次第に困難になっていきます。

みてきたように、密着した母娘関係は、時とともに、嫌悪、反発、支配、親密さといった、さまざまな関係性に帰結します。それは時に、摂食障害やひきこもりといった「病理性」につながる場合もあります。ここに至るには多くの外的要因が作用していますが、内的要因として基本的に重要なのは、そこにおいて作用するさまざまな投影と分裂のメカニズムなのです。

第二章

母の呪縛の正体をさぐる

1　自覚なき支配のメカニズム

「インナーマザー」と「AC」

第一章では、母子密着が一般的にどんな問題を引き起こすのかをざっとみてきました。

さて、ここから先は、密着あるいは無意識の母の呪縛がどのように生じるのか、そのメカニズムを理論的に掘り下げて考えてみたいと思います。

最初に取り上げるのは、精神科医・斎藤学氏の理論です。斎藤氏の『インナーマザーは支配する』（新講社、一九九八年）は、必ずしも母娘関係のみについて書かれた本ではありませんが、紹介される事例や手紙は、そのほとんどが女性のものであり、母娘関係を考えるにあたっても示唆に富んでいます。

本書で斎藤氏は、インナーマザーについて、次のように描きます。

> インナーマザーは、実際の母親とは少し違います。親そのものというより「世間様」といってよいかもしれません。というのは、母親も父親も、「自分の」考えで子どもを教育する前に、「世間様」にひれふしている場合が多いからです（中略）子どもも親の意向を汲《く》み取り、「世間様」を取り入れるようになります。親が考えるであろう恐れや不安を、子どもは自分の恐れや

不安として取り入れるようになるのです。

こうして親と同様、「世間様」にひれふす子どもができあがります。彼らにとって「世間様」は教祖なのです。教祖に従うよう親が子どもを躾《しつけ》という名目で支配してしまいます。

これを私は「親教」と呼んでいます。


ここで斎藤氏のいう「親教」は、いわゆるアダルト・チルドレン（ＡＣ）をもたらす元凶としても糾弾されることになります。こうした親教の被害については、斎藤氏によるＡＣの解説に重なるところが多いので、ここでは省略します。

私は、ＡＣ概念の功績は、必ずしも深刻な身体的虐待とはいえないまでも、親からの「条件つき愛情」ゆえに、良い子としてしか振る舞えなかった子供たちを見出した点にあると思います。親子間に必ずしも暴力的虐待がなかった場合でも、ある種の感情的な葛藤が繰り返されることで、子供の人生に深刻な影響がもたらされることを、今や疑う人はいないでしょう。そこには物理法則とはまた異なった「必然性」のようなものがあります。

欧米には日本のような「世間」はないのではないか、という疑問については、世間が問題というよりは、親が信奉する価値観こそが問題なのだ、と言い換えられるかもしれません。むしろ、斎藤氏の指摘では、母子関係の病理までは理解できるのですが、これだけではまだ母娘関係の特異性についてまでは説明が不十分なように思います。

同性ゆえに生じるカプセル化

ただし、この点については、斎藤氏が「一卵性母娘」について述べている部分が参考になります。

> 母親と息子は異性ですが、母親と娘は同性です。同性の子ども、つまり娘というのは、母親にとっては息子以上に心理的距離をとりにくく、密着関係を打ち破る緊張が生まれにくいもののようです。（前掲書）

娘を自分の分身扱いし、自分と同じ感じ方や考え方を強要し、夫への愚痴などをきっかけに感情を共有しようとする母親については、すでにみてきました。

娘はそんな母親を哀れに思い、愚痴の聞き役を務めているうちに、母子の密着関係はますます強化されていきます。斎藤氏は、この関係に従順になって仲良し親子を演ずるのも、カプセルを破ろうとして暴れ回るのも、カプセル化の結果としては同じことであると指摘していますが、私も同感です。

従順だった娘たちは、かなえられなかった母親の野心を果たすべく、独身のキャリアウーマンとして仕事を続けようとします。彼女たちは、一見自立しているようにみえますが、その一方で母親の願望をかなえるというカプセルから自由になれていません。つまり彼女たちは、自分自身のために生きられないのだ、と斎藤氏は喝破します。

「インナーマザー」の発想は、母娘関係を考えるうえでも、重要な前提となるでしょう。

ほかのいかなる親子関係にも増して、母娘関係は密着したものになりやすいということ。この密着は、母と娘が同性である以上に、ともに女性であるということから導かれたものであろうこと。この密着感は、あくまでも心理的距離感における密着であり、たとえ母と娘が物理的に離れていたとしても、強い作用を及ぼすであろうこと。それゆえ、家出、別居、結婚、出産、留学、などの手段が、必ずしも解決策とはなりえないこと。

また、こうした密着関係は、アンビバレンスの温床です。いや、正確には両価性以前の、「妄想―分裂態勢」というべきでしょう。この関係は強い愛憎をはらんだものになりやすいのですが、この両価性ゆえに、母娘は離れることができません。無理に離したり捨てさせたりしても、必ず罪悪感という形で復讐されてしまうからです。さらにいえば、この関係に絡め取られた娘たちは、母親を純粋に憎むことすらできません。なぜでしょうか。母親との一体化が進み過ぎていて、母親を否定することが、そのまま自分自身を否定することになってしまうからです。

「承認つきの愛」

ところで斎藤学氏は、AC概念を輸入・普及する際に、日本の読者向けの修正を施しています。そのひとつが「条件つきの愛」というものですね。

これは広義の虐待であり、暴力ということにされています。正確には、わが子に「過剰な期待をかけ、その期待で子どもの人生を縛ってしまうという暴力」（前掲書）ということになります。

親が子供に向ける期待には、確かにゆき過ぎたものもみられます。「従順で良い子であること」「一流大学に入ること」「一部上場企業に就職すること」などといったものですね。あまつさえ、親は期待を子供に押しつけようとします。「期待通りに頑張れば愛してあげよう」といわんばかりに。もちろん、すべての親がそういう露骨な言葉を口にするとは限りません。でも、親からの過剰な価値観と期待を押しつけられてきた子供は、隠れた親の意図を察知します。かくして子供たちは「期待を裏切れば愛されなくなってしまう」という恐怖にとらわれてしまうのです。

このような愛は、たいへん厄介な結果をもたらします。

なぜでしょうか。親からの期待通りに生きようとすれば、大人になってからも母からの支配を受け入れて、マザコン的になってしまうでしょう。ならば、期待にそむけばどうなるでしょうか。親へのすまなさや復讐心から非行に走ったり、ひきこもったりすることになりかねません。

ではどうすればいいか。斎藤氏は、親は子供のあるがままを肯定し、子に対して「お前はそのままでいい」と言い続ける必要があるといいます。私もここまでの斎藤氏の議論に大筋では賛成です。

「条件つきの愛」の問題、肯定的メッセージの必要性、確かにその通りでしょう。

同意できる範囲を確認したうえで、少し角度を変えて問題をとらえなおしてみたいと思います。

「期待通りにしなければ愛さない」というメッセージ。それは確かに、発せられているのかもしれません。では現実に期待が裏切られたとき、親は本当に子供を愛することをやめるのでしょうか。「お前なんか知らないよ」と子供を突き放し、面倒をみることをやめてしまうのでしょうか。

もちろん、そんなことはありませんね。ほとんどの場合、それはない。実際には、子供に対する否定的な発言や、「見捨てるかもしれないよ」という脅しが増えるだけなのです。否定的な言葉をいいつつも、親たちは相変わらず子供の面倒をみ続けるでしょう。ここに大きな矛盾が生じます。コミュニケーション論的にいえば、否定的なメッセージ（「お前はダメだ」）が、肯定的なメタ・メッセージ（「そのままでいいよ」という態度）と同時に与えられることになるからです。こうした矛盾は、珍しいものではありません。むしろ日本の家庭においてはごく当たり前にみられるものです。

日本的ダブルバインド

この種の矛盾として「ダブルバインド」という言葉はよく知られています。しかし、一般にダブルバインド状況とは、今示したのとは逆のパターン、つまり肯定的なメッセージと否定的なメタ・メッセージの組み合わせを指すことが多い。この概念を提唱したのはアメリカの文化人類学者、グレゴリー・ベイトソンですが、アメリカの家庭にはこのパターンの関係性が少なくないらしいのですね。

日本の場合は、先ほど示した通り、この逆ですから、私はこれを「日本的ダブルバインド」と呼んでいます。アメリカ型のダブルバインドは、もともと統合失調症の原因として見出されたものですが（現在はこの点は否定されています）、日本のそれは不登校や家庭内暴力、ひきこもりの温床になりやすいのではないか。

確かに臨床場面では、親御さんに否定的なことをいわれたり、肯定的メッセージを送ってもらえず、そのことのトラウマを訴える患者さんは少なくありません。それは当事者によって「虐待」と表現されることすらあります。それが大げさだといいたいわけではありませんが、やはり身体的な暴力を伴う虐待とは質的に異なるようです。少なくとも臨床的には、そういう印象があります。

身体的暴力は大きなトラウマを残し、ＰＴＳＤ（心的外傷後ストレス障害）や解離性同一性障害（多重人格）などの深刻な病理につながりやすい。ただしこの種の虐待は、しばしば一方的な関係の中で起こるため、その影響もかなり単純です。また、このためもあって、トラウマの影響は簡単には消えません。

しかし斎藤氏の指摘するような「条件つきの愛」の影響は、これとはかなり様相が異なります。もたらされる病理の深刻さは、身体的な暴力を受け続けた事例に比べれば、あえていえば「軽症」な印象があります。しかし軽いぶんだけ、葛藤は複雑なものになりやすいのではないか。これはおそらく、深刻な虐待事例に比べれば、まだ親子間に相互性があるためでしょう。

相互性というのは、関係性が虐待―被虐待のように単純な形で固定されず、反撃や仕返しが可能であることを意味しています。この場合、家庭内暴力やひきこもりといった「症状」は、一種の復讐としての意味を帯びはじめます。「親がありのままの私を受け入れてくれなかった。だから今私はこうして苦しんでいる」という訴えに示されているように。

ここで起きているような事態を記述する際に、もはや「愛」という言葉だけでは十分とはいえません。愛はしばしば両価的で、盲目的なものでもありえます。治療のうえでこれを欠かすことができないのは当然ですが、愛ゆえにさまざまな症状が起こる場合もある。治療のきっかけを作るのも愛ですが、治療を遅らせるのもまた愛だったりします。

「承認」と「愛」の矛盾

表現をもう少し正確にするために、ここで私は、社会学でしばしば使用される「承認」という言葉を取り入れてみようと思います。子供に対する肯定的な対応全般を「承認」と呼び、子供に対する両価性をはらんだ強い執着を「愛」と呼ぶことにしてみましょう。

このように「承認」と「愛」を区別するだけで、家族の複雑な関係性の様相を、より正確に表現することが可能になります。斎藤氏らが提唱する「条件つきの愛」とは、むしろ「条件つきの承認」である可能性がみえてきます。もう少し補足するなら、いわゆる「条件つきの愛」とは、一般に「条件つきの承認」と「無条件の愛」の組み合わせであることが多いように思われるのです。この典型が、先にも述べた「日本的ダブルバインド」ですね。

日本的ダブルバインドは、とりわけ母―息子関係において多くみられる関係性のひとつです。「条件つきの承認」のメッセージと、「無条件の愛」というメタ・メッセージとの矛盾をはらんだ関係ですね。ひきこもって働こうとしない息子に、面と向かって小言をいいながら、生活全般の面倒はしっかりとみてあげている。否定の言葉とともに抱きしめる行為ですね。もちろん同じような関係性は、母娘関係にもみられます。

たとえば、同居している独身の娘に口うるさく「結婚しなさい」と小言をいう母親について考えてみましょう。この小言は、「もし結婚できたら認めてあげる」というメッセージの裏返しですから、「条件つきの承認」の言葉になります。しかしその一方で、当の母親が、家事全般を含めてなにくれとなく娘の世話にかまけているために、結果的に娘の自立をさまたげ、母娘の密着関係を強めていることがあります。こちらは「無条件の愛」にもとづく行為ですね。言葉では自立をうながしながら、態度では無意識に「自立しないで私のそばにいて」というメッセージを送り続けている。この矛盾が、ダブルバインドな関係を作るのです。

ただ、ひきこもり事例などをみていて感ずるのは、とりわけ母―娘関係においてのみきわだってくる、もうひとつの矛盾した関係性です。それは先ほどとは逆に、「無条件の承認」と「条件つきの愛」の組み合わせです。

どういうことでしょうか。無条件の承認とは、「どういう状態であれ、あなたはそのままのあなたでいい」というメッセージのことです。女性のひきこもりの場合、社会参加へのプレッシャーは男性の場合ほど強くありません。世間も「家事手伝い」（あるいは「専業主婦」）などとみなして、男性の場合ほど厳しい視線は向けられません。つまり、世間的にも家庭的にも、女性のひきこもったライフスタイルは承認されやすいのです。事実、ひきこもっている娘に「働け」「外へ出ろ」と小言を言い続ける母親は多くありません。あくまでも男性に比べれば、という話ではありますが。

問題は、ここにしばしば「条件つきの愛情」の問題が加わることです。具体的には「ひきこもり続けるのなら愛情を引き揚げる」といったメタ・メッセージですね。ひきこもっていること自体は責めずに、日常生活の些細《ささい》なことで嫌味や皮肉をいうような態度がこれにあたります。言葉では肯定しておいて、態度で否定すること。かくして「肯定的なメッセージ」と「否定的なメタ・メッセージ」という、ベイトソンのオリジナルに近い組み合わせのダブルバインドが成立することになります。

もちろんベイトソンのオリジナルに近いからといって、こうした母娘関係の中で統合失調症が起こりやすいというわけではありません。ダブルバインドの現代的意味は、こうした人間関係が、しばしば巧まずして相手を縛りつけてしまう結果になることを示した点にあるでしょう。

ただ、母娘関係におけるダブルバインドは、母息子関係の中のそれよりも、複雑かつ深刻な影響をもたらすような印象はあります。その引力圏を逃れようとして、家から出てしまう娘も少なくありません。女性のひきこもりが男性のそれよりも少ないのは、そのせいもあるでしょう。そのかわり、母親の引力圏から逃れられなかった娘たちは、男性以上に徹底したひきこもり状態に陥る傾向があるようです。

ギリシャ神話にみる母娘の強い絆

高石浩一氏の『母を支える娘たち』（日本評論社、一九九七年）は、母親による自己犠牲の持つ意味を考えるうえで、さまざまに示唆的な内容を含んでいます。その所説のすべてに同意するわけではありませんが、母と娘の支配関係を構造的に解きあかす際に、高石氏の指摘する「マゾヒスティック・コントロール」という概念はきわめて重要な視点となるでしょう。この概念については後述しますが、この本で高石氏は、母娘関係にとってはエディプス神話以上の普遍性を持っているとして、デーメーテールとペルセポネーの物語を取り上げます。

ここでは、この物語について、高石氏の所説を紹介するうえで必要な最小限の枠組みのみ紹介しておきましょう。これはいわば、「要約の要約」です。

デーメーテールはゼウスの妻、ペルセポネーはその娘です。

花を摘んでいたペルセポネーを冥界の王ハーデースが誘拐し、むりやり妻にしてしまいます。デーメーテールはペルセポネーの叫びを聞いて世界中を探し回ります。そして、ハーデースの誘拐のこと、しかも誘拐計画にゼウスが一役買っていることを知るのです。怒ったデーメーテールは天界を去り、このため地上を飢饉《ききん》が襲います。説得に当たったゼウスに、デーメーテールは娘が戻るまで大地に実りはないと宣言します。ゼウスはハーデースにペルセポネーを返すよう命じるのですが、すでに冥界の柘榴《ざくろ》の実を食べてしまった彼女は、完全に母のもとには帰れません。結局ペルセポネーは一年の三分の二をデーメーテールと過ごし、残りの期間をハーデースと過ごすようになりました。こうしてペルセポネーが母のもとにいる間は大地が実りをもたらし、後の期間は枯れ果てるようになったのです。

ユングはこの物語を、「男には解らない、男を除いた母と娘だけの体験領域を表している」と述べたといいます。確かに、こうした母娘関係の強い絆は、男には実感的には理解しにくいところがあります。しかし、ならば女性にはよくわかるのかといえば、むしろ女性には、実感としてわかり過ぎてしまうという限界があるのではないでしょうか。

ともあれ、この物語のひとつの骨子は、デーメーテールとペルセポネーが、ゼウスやハーデースといった男たちを仮想敵とみなしながら、母娘関係の結託を深めるという戦略をとることにあります。

高石氏はこれを娘＝クライアントと、男たち＝セラピストの関係になぞらえています。娘は母親からの支配の辛さをセラピストに訴え、母親との関係に楔《くさび》を打ち込もうとします。母親はそんなセラピストのもとに娘を通わせまいとしますが、それは娘を冥界に戻らせまいとするデーメーテールの思いに通ずるでしょう。かくして母親とセラピストとの間で、娘は次第にほどよい自立を達成していきます。それは、敵対する母親と仮想敵（男たち）との間で、次第に自らの独自性を獲得していく過程でもあるのです。

ここで見方を変えれば、仮想敵（男たち）の存在は、母娘関係をいっそう強化するように作用しているのではないでしょうか。彼女たちの自立を男たちのそれと比較してみましょう。男たちは、象徴的な「父殺し」によって自立を果たします。この場合、父親との親密な絆はそこで死滅し、けっしてその価値を回復することはありません。ならば娘たちもまた、「母殺し」を成し遂げようとするのでしょうか?

そうではありません。そこにはいかなる意味でも、男女の対称性は期待できません。男たちは父殺しを避けられませんが、女たちは母殺しをしません。いや、もっといえば、「しない」のではなく「できない」のです。

では、母殺しができないとしたら、母娘関係はどうなるのでしょうか? 実は、母娘関係は永遠なのです。

母の自己犠牲と娘の罪悪感

ところで、高石氏は、女性の「自立」について、以下のように述べています。

女性の「自立」とは、あくまで娘でありながら、母から少し距離を置いて夫と暮らすことであり、と同時に母の娘として時折実家に帰って母の世話をすることなのかもしれない(中略)。常に「克服」や「闘争」を前提とした「自立」ばかりを、われわれはイメージしすぎてはいないだろうか。(中略)とりわけ女性の「自立」とは、ひょっとすると決して「克服」しきらない、「殺し」きらないで共生し共存するような、剣が峰を綱渡りするような、ものすごく微妙なバラ

ンスを獲得していくことなのかもしれない。(前掲書)

高石氏は、男性的世界の背景に、「確実に母と娘の支配する文化が存在する」としています。「それは『申し訳なさ』を媒介とした対象支配の渦巻く文化」というのですが、この点には少々説明が必要でしょう。

簡単にいえば、日本の母娘関係において、母親は娘に母性的に奉仕し、娘に「申し訳ない」と感じさせることによって、娘を支配する、ということです。こうした「申し訳なさ」の問題は、わが国に精神分析を導入した古澤平作氏の「阿闍世《あじやせ》コンプレックス」としてはじめて取り上げられました。その素材となったのは、仏典にある仏教説話です。

まずは、再び物語の「要約の要約」を記しておきます。

阿闍世は古代インドの王子。母である韋提希《いだいけ》夫人は、自らの容色が衰えて夫の愛が薄れる不安から王子を欲し、森の仙人が亡くなれば王子として生まれ変わってくるとの予言にすがった。夫人は早く子供を得たい一心から仙人を殺し、阿闍世を身ごもる。しかし夫人は仙人=阿闍世の怨みが恐ろしくなり、阿闍世を殺そうと試みた。長じてこの事実を知った阿闍世は、あわや母親を殺そうとして、その罪悪感のために流注《るちゆう》という悪臭を放つ病にかかる。誰もそばに寄らない阿闍世を献身的に看病したのは母である韋提希夫人だった。母はこの献身で自分を殺そうとした阿闍世を赦し、阿闍世も母の苦悩を察して母を赦した。

実は、この物語は原典に忠実なものではなく、古澤氏と、その弟子の小此木啓吾氏による改変が加えられていることが知られています。このあたりの議論は本論とはあまり関係がないのでひとまず措くとして、阿闍世コンプレックスの本質の一部は、自己犠牲的に奉仕する母親によって、子供に押しつけられた罪悪感であるとされます。

こうした自己犠牲的な奉仕による支配のことを、高石氏は「マゾヒスティック・コントロール」と命名しています。氏は臨床場面で「『献身的ではあるが傷つきやすい』母親に『わがまま』を言えない娘たち」「無意識的な母親のマゾヒスティック・コントロールに籠絡《ろうらく》された娘たち」にしばしば出会うといいます。

マゾヒスティック・コントロール

高石説においては、このマゾヒスティック・コントロールが中核にあると思われるので、もう少しだけ解説しておきましょう。こうしたコントロールの典型は、「鶴女房」の物語にあると高石氏はいいます。こちらの物語については、ここで紹介するまでもないでしょう。

「見るなの禁」を破って機織《はた》りの姿を見られてしまったため、鶴女房は去っていきます。夫である嘉六の心には、禁を破った罪悪感、傷つきながら自分のために機を織ってくれた女房に対する感謝と申し訳なさ、夫を責めもせず立ち去っていく女房への思慕などが去来したであろう、と高石氏はいいます。この鶴女房の姿は、日本人が理想とする「お袋」の原型であり、われわれは献身的にわれわれを支えてくれる母親への「申し訳なさ」ゆえに、母親の呪縛から逃れられない、というのです。

こうした「申し訳なさ」の感覚が、現代の日本においてどの程度保たれているかについては、心もとない点がなきにしもあらず、という気はします。しかし高石氏による「マゾヒスティック・コントロール」の指摘は、母娘関係の特異性を浮き彫りにするうえでは、依然としてきわめて有用な概念でしょう。

高石氏も指摘するように、マゾヒスティック・コントロールに反応するためには、相手の努力を理解し、「申し訳ない」と感ずるだけの鋭さが必要です。しかし多くの場合、息子たちはこうした感性が乏しいことが多い。母親の献身に甘え、依存しつつも、それをあかたも空気のように当然のものとみなして、さほど「申し訳ない」とは感じない。そのような息子たちのほうが圧倒的に多数派ではないでしょうか。この「鈍感さ」のかなりの部分は、女性が男性に奉仕をするのが当然とみなすような、社会文化的な背景によるものでしょう。

また、こうした社会文化的背景があるからこそ、マゾヒスティック・コントロールに反応できる娘たちの数は、息子たちよりもはるかに多いのです。いわば「父殺し」によって結束を固めた男たちの背後には、永遠に殺しあうことなく関係を深めあう女たちの共同体がある、ということになります。これが、私が「母殺し」を不可能であると考える理由のひとつです。

その不可能性は、男たちの共同体による抑圧によるところが大きいのかもしれません。男たちの共同体は、いわば「大文字の社会」を作ります。そこで抑圧をこうむった女たちは身を寄せあって、「大文字の社会」のすき間に「小文字の社会」ともいうべき共同体を形成します。それは男にはわからない女の文化として共有されることになるでしょう。「大文字の社会」が建前上はジェンダー格差を否認するのとは対照的です。父殺しによる「パブリックなルール」の伝達が大文字の社会を作るなら、母との密着において囁《ささや》かれる「プライヴェートな言葉」の伝達が、小文字の社会を作っていくのかもしれません。

高石氏ははっきりとは記していませんが、マゾヒスティック・コントロールという概念の重要性は、もうひとつあります。それは、母娘関係においては、奉仕と支配、感謝と怨念を曖昧《あいまい》化するような作用がしばしば働きやすい、という点を示したことです。それはたとえば「支配の意図がない支配」を本当に支配と呼びうるのか？　という問題にもつながります。あるいは共依存のような密着関係においては、わずかでも能動的なほうが支配する側となり、受動的なほうが支配される側になってしまうようなことにも、この作用が関係しているのかもしれません。

「母より女」型の母親

マゾヒスティック・コントロールは、日本の母娘関係において多くみられますが、欧米の母娘関係ではやや様相が異なるかもしれません。

精神分析家であるキャロリーヌ・エリアシェフとナタリー・エニックのベストセラー『だから母

と娘はむずかしい』は、主として西欧の映画と小説を題材に、母娘関係における密着ぶりを扱った興味深い論考です。

ただし、この論考をそのまま日本の母娘関係にあてはめるには注意が必要です。なぜなら、エリアシェフの本に登場するさまざまな母娘関係は、少なくとも日本の女性の共感は呼びにくいのではないかとも思えるからです。

これは、母娘関係のありようにおける文化的な違いが大きいためもあるでしょう。とりわけ異性愛主義（ヘテロセクシズム）が支配的な世界にあっては、「女であること」を断念しない母親が非常に多いようです。エリアシェフのいうところの「母よりも女」型の母親がそうでしょう。「妻である母」（子供よりも夫を大切にする）、情事に夢中で子供を構わない「愛人のある母」、あるいは母親が女優や歌手であるような「スターである母」などが、これにあたります。

もちろん、これらも重要な問題ではあるでしょう。しかしつまるところ、こうした関係性において、母娘関係だけに特異的な要素がどれほどあるのかは疑問です。なぜなら、「母よりも女」型の場合は、要するに母親が母親という社会的役割と自己中心的な欲望追求との間で板挟みになり、葛藤するからこそ生ずる問題です。そこで起こってくる問題は、子供が娘か息子かを問わないものとなるでしょう。

つまり、この種の問題は、広く母子関係全般において問題化しうるものであり、さらにいえばネグレクトなどの虐待問題とそれほど変わらないものになってしまいます。そうだとすれば、これらは母娘関係の特殊性を考えるうえでは、あまり役に立ちません。

母娘関係の問題をあえて限定すれば、それは母親が母親たろうとするがゆえに、必然的に生じてくる問題に焦点を当てるべきではないか。少なくとも、本書はこちらの姿勢をとることになるでしょう。なぜなら、少なくともわが国における母娘関係の難しさは、そのほとんどの場合が「母親という役割」と「娘という役割」の葛藤に起因するように思われるからです。しかもこの場合、母親は役割に過剰に同一化することによって、娘は役割を担いきれないことによって問題化することが多いように思います。

そうだとすれば話は簡単で、母親は変化を、娘は自立を志向すればいい。そう、その通りです。ある関係において問題が生じた場合、やるべきことはつまるところ、「対話」と「距離の調整」に尽きるといってもよいでしょう。ほとんどの母と娘は、それを理解しているはずです。逆にいえば、その程度の理解もなされえない関係にあっては、母娘関係はほとんど生じようがない、ともいえるのです。

二番目の妻コンプレックス

ただし、エリアシェフの「母より女」に関しては、ちょっと検討しておきたい概念もあります。それが、「二番目の妻コンプレックス」です。

エリアシェフはヒッチコックによる映画化で有名になったダフネ・デュ・モーリアの小説『レ

ベッカ』に注目します。裕福でハンサムな男性・マキシムは、最初の妻である美女レベッカが海で行方不明になった後、二番目の妻をめとります。しかし、最初の妻レベッカに劣等感を抱き続ける後妻は、次第に狂気へと追い詰められていくのです。

どこにも母の出てこないこの小説が、なぜ母娘関係を考えるうえで重要なのか。エリアシェフによれば、最初の妻＝レベッカこそが象徴としての母ということになります。だとすればもちろん、後妻は娘の象徴ということになるでしょう。

エリアシェフによれば、ユングの「エレクトラ・コンプレックス」（母殺しをモチーフとしたギリシャ悲劇に想を得た概念ですが、簡単にいえば「ファザコン」のことです）はエディプス・コンプレックスの対立概念としては不十分であり、「二番目の妻コンプレックス」こそが、娘にとってのエディプス・コンプレックスに相当するものだ、ということになります。

確かにエディプス・コンプレックスでは、息子の欲望は父親を殺して母親をめとることへと向かいます。これに対して、母親を追放して父親の妻となることへのコンプレックスが対になるのは自然とも受け取れます。しかし、エリアシェフがいうように、前妻の追憶に葛藤させられる後妻の話が多いことが、このコンプレックスの普遍性を証《あか》し立てる、とまでいいうるものでしょうか？

エリアシェフの解釈では、この問題は「夫の妻」という「たったひとつしかない地位」をめぐっての戦いということになります。しかし、果たしてそのような娘がどれほど存在するでしょうか？

母からも娘からも競うように熱愛されるという幸せなお父さんは、いったいどれほどいるのでしょうか？　仮にいるとしても、それはまるで絶滅危惧種のように希少な存在なのではないでしょうか。

エリアシェフの指摘とは逆に、エレクトラ・コンプレックスの事例をみつけるのはそれほど大変なことではありません。「ファザコン」の女性なら、田中真紀子さんをはじめ、有名な実例はいくらでもいるでしょう。では、彼女たちは母親と「妻の座」を競いあったでしょうか？　そんなことはありませんね。ファザコンの娘たちは、しばしば母親の目をかすめるようにして、あるいは母親の不満をよそに、ぬけぬけと「妻の座」に居座るでしょう。

それでなくとも、母親への劣等感に苛《さいな》まれながら父親を愛する娘の話はうるわしいものかもしれませんが、きわめて成立しにくいものです。なぜでしょうか。

そもそも三角関係は闘争や競合という不安定な要因をはらんでおり、かなり短期間で二者関係に収束してしまいます。長期間安定的に持続する三角関係がありうるとすれば、それはメンバーの誰かが愛情を口にせずに沈黙を守る場合のみでしょう。そう、「無法松の一生」や向田邦子の「あ・うん」の世界ですね。

いやアメリカにも『マディソン郡の橋』とかがある、といわれるでしょうか？　しかし、あれはやはり三角関係とは呼べません。夫は妻の不倫を最後まで知らず、妻の心は行きずりの男性キンケイドのものになってしまっているからです。そこには、婚姻制度に擬装されたいつわりの二者関係があるだけでしょう。

「二番目の妻コンプレックス」にしても、前妻が亡霊であるからこそ成り立つ話ですね。もし前妻が現前していれば、すぐに闘争が開始され、いずれかの勝利に終わるほかはない。前妻が実在していないからこそ、このコンプレックスは成立するともいえます。

それゆえ、娘が母親に劣等感を抱くとすれば、それは父親のパートナーたる資格が自分には欠けているから、ではなくて、もっと直接に母親の才能などに圧倒されて、のことのほうが多いのではないでしょうか。繰り返しますが、劣等感ですむなら、それはなにも母娘関係に限った話ではありません。父息子関係でも十分にありうる話ですし、母息子関係ですらありうるでしょう。

やはり私たちは、母娘関係をライバル関係に置き換えるという、ありがちな間違いに陥らぬように用心しておく必要がありそうです。

プラトニックな近親相姦

むしろエリアシェフの指摘で重要と思われるのは、母子の密着関係を扱った部分、とりわけ――いささかどぎつい表現ではありますが――「プラトニックな近親相姦」を扱った部分です。

この「近親相姦」といったたぐいの言い回しは、ほとんど精神分析家の露悪癖のようなものですから、普通は「ゆき過ぎた親密さ」ないし日本ではよくいわれる「一卵性母娘」のようなもの、と考えてください。余談ながら「仲が良い」ことを不正確さをおそれずに「一卵性」と巧みに表現しえたのは、日本語の勝利であろうと私は考えています。

エリアシェフは、母娘の近親相姦的な親密さが、父親を疎外することで成立する、と考えます。父親疎外が日本だけの現象かと思えばさにあらず、父権の衰退は一九世紀以降の世界的な動向らしいということも判明するのです。

ひとつには、かつて父親が独占していた（!）「親権」が、母親にも同等に与えられることになった結果として、親権はむしろ母親のものになっていったという経緯があります。しかし結果的に、夫としての役割も父親としての役割も捨ててしまう父親が増えたという問題がある、といいます。結果的に生じた「プラトニックな近親相姦」において、親子三人がいるところに二人分の居場所しかなく、母と子に占められて入れ換えできなくなるのです。

エリアシェフは「同性であるがゆえに母娘間には近親相姦的関係が成立しやすい」といいます。娘は母親を映す鏡であり、自己愛投影の対象であり、相互的関係ではなくアイデンティティーの混同をまねきやすいというのです。ここで強調されるのは、身体的な共通性のほうでしょう。

母と娘は共通の身体を持っているがゆえに、アイデンティティーの混同が生じやすいのです。彼女たちは気安く考えたことや感じたことを打ちあけあったり、洋服を貸しあったりします。その結果、互いの区別や境界がぼやけてしまいやすいのです。

母子密着という表現は、母娘関係に限らず、母息子関係でも使用される言葉です。しかし、ここでの指摘はほぼすべて母娘関係だけに限定されるでしょう。なぜなら、身体的同一性ゆえの親密さは、いうまでもなく母娘関係においてのみ、成立するものであるからです。母息子関係ではもちろん、父息子関係でもこの種の親密さは生じようがありません。なぜでしょうか。

後の章でも述べますが、精神分析的な意味で「身体を持っている」といいうるのは、この世界で女性だけです。これは、女性が男性に比べてはるかに、自らの身体性に敏感である、という意味でもあります。摂食障害がほぼ女性特有の疾患であるのも、こうした女性特有の身体意識と関係があります。

女性は独特の身体感覚を共有することで、互いに共感したり同一化したりすることができますが、こういう共感は男性同士ではなかなか成立しにくいものです。繰り返しますが、女性は自分が女性の身体を持っていることだけを理由として連帯することができます。当然ながら、母娘関係においても、この関係が成立してしまうのです。

『ボルベール』と三つの近親相姦

ところで、エリアシェフによれば近親相姦のタイプは三つに分類されます。ここで簡単に整理しておきましょう。

(1) これまでも述べてきた、「性行為を伴わない近親者間の近親相姦」です。ここには母娘関係のようなプラトニックなものが含まれます。

(2) 通常のタイプ、父と娘、母と息子といった、近親者同士の性関係です。エリアシェフはこれを「第一のタイプの近親相姦」と呼びます。

（3）近親者が同時あるいは順次に同じ相手と性行為に及ぶものです。たとえば母と娘が近親者ではない同じ男性と関係を持つ場合がこれに該当します。エリアシェフはこれを「第二のタイプの近親相姦」と呼んでいます。

ペドロ・アルモドバル監督の映画『ボルベール〈帰郷〉』（二〇〇六年）には、ここに列挙されたすべてのタイプの近親相姦が描かれており、あたかもエリアシェフの議論を立証するようなストーリーになっています。以下、母娘関係にとって重要な部分だけを、あらすじを無視して述べてみます。多分にネタバレを含みますので、ご注意ください。

祖母―母―娘の関係において、その相姦関係はきわめて錯綜したものです。まずペネロペ・クルス扮する母親、ライムンダ。彼女の実の父親は彼女を犯しました（第一のタイプの近親相姦）。だからその娘パウラは、母親ライムンダと祖父の間の子であり、ライムンダにとっては娘であると同時に妹でもあります。

彼女の母親イレネは父親の浮気を許せず、浮気相手もろとも焼死させ、ついでに自分が死んだことにしてしまいます。その浮気相手はライムンダの叔母の面倒を親切にみてくれた隣人アウグスティナの母親でした。アウグスティナは母親が死んでいることを知らず、いまだに行方不明のままだと信じています。

物語の中で、二人の「父親」が殺されます。まず、ライムンダの夫です。彼は血縁がないことを理由に娘パウラに性関係を迫って刺殺されます。こちらは血縁関係がないがゆえに、「第二のタイプの近親相姦」に近いものです。もう一人はすでに焼死させられたライムンダの父、イレネの夫です。どちらも映画の中での存在感はきわめて希薄です。この物語は、いわば父親を殺害することによってしか、女たちの平和はありえない、と主張しているようにすら思われます。
殺人によって回復された絆、という異様な物語が奇妙な明るさに満ちているのは、アルモドバル監督の故郷でもあるラ・マンチャの土着性がいびつなほど強調されているためもあるでしょう（大仰な頬へのキスシーン、ありえないほど強く吹く東風など）。この程度の「狂気」は、ラ・マンチャなら許容範囲、というわけですね（ドン・キホーテ！）。

第三者の疎外

三つのタイプの近親相姦には、ひとつの共通点があります。それは「第三者の疎外」です。この点について、エリアシェフは次のように述べています。

疎外されるのは、〈第一のタイプの近親相姦〉では母親、〈プラトニックな近親相姦〉では父親、〈第二のタイプの近親相姦〉では人間ではなく場所だ。（前掲書）

ここで「場所」というのは、「第三者の場所」というほどの意味です。母親と娘が一人の恋人を奪い合うとき、カップルに対する「第三者の場所」は失われ、母と娘が女の場所を争うことになるからです。

エリアシェフは、家族関係における「第三者」――それはしばしば父親の立場と重なります――の存在を、ことのほか重視します。二世代にわたる関係は父―母―子のような三項関係であらねばならず、二項関係はアイデンティティーの混乱をはじめとする問題の温床となるからです。ついでながら、「第三者」の重要性は、ひきこもりの臨床においてもまったく同様のことがいえます。

さて、『ボルベール』では、エリアシェフのいう「プラトニックな近親相姦」が、まさに父の疎外によって回復される過程が重要なモチーフになっています。

ライムンダの夫、イレネの夫はいずれも父親の位置を担っていたはずの男たちですが、彼らはあっけなく殺され、それによってイレネ―ライムンダ―パウラという三世代の母と娘たちが、失われた絆を回復していきます。本来、父親の殺害というのは象徴的な表現のはずなのですが、映画ではまさに文字通りの「殺害」として描かれています。

また『ボルベール』では、至るところで女性の身体性が強調されている点も見逃せません。ペネロペ・クルス演ずるライムンダの豊満な肉体は、女性性と母性を同時に示すかのようです。この豊満さは臀部《でんぶ》に詰め物までして演出されたもののようです。あるいは、死んだと思われていたライムンダの母親、イレネは、トレーニング用のエアロバイクのハンドルについた臭いや放屁などの体臭によって、その存在を娘たちに知らしめていきます。ここではっきりと、母と娘の絆が身体的な絆にほかならないことが強調されているのです。

ちなみにラスト近く、ルキノ・ヴィスコンティ監督の『ベリッシマ』の一場面が引用されます。この映画は、母親が気の進まない娘を、なんとか映画のベリッシマ（美少女）コンテストに合格させようと奮闘するという作品です。娘のためを思うあまり、娘をとことん支配してしまう母親。『ボルベール』のテーマが何であるかを暗示してあまりあるシーンといえるでしょう。

近親相姦は、現代においても最大のタブーのひとつです。しかし精神分析によれば、人間という存在は、そもそも近親相姦へのやみがたい欲望をたちきるところから出発しています。なぜなら、父を殺し、母と寝たいというエディプス・コンプレックスを通過することが、人間の成長には欠かせないとされるからです。

しかしタブーであるということは、それが最も深い欲望の対象であることも同時に意味するでしょう。

エリアシェフの指摘した近親相姦のタイプ分類のうち、本来の意味での近親相姦は現代でももちろんタブーです。近親者がそれぞれ近親関係にない同一の相手と性関係を結ぶ「第二のタイプの近親相姦」は、タブーとまではいわないまでもスキャンダルではあるでしょう。ならば、「プラトニックな近親相姦」はどうでしょうか。それは限りなく近親相姦的な関係でありながら、タブーでもスキャンダルでもありません。

そう、時として母娘関係は、一切の抑圧と禁止を免れた、現代においてほとんど唯一の近親相姦関係でもありうるのです。ひとたびこうした関係性が成立してしまえば、その居心地のよさは格別のもののはずです。父親を疎外して母親と密着しようとするすべての娘たちは、こうした近親相姦への欲望を持っているのではないでしょうか。

しかし、そこには近親相姦であるがゆえの居心地の悪さ、罪責感などもつきまとうはずです。母娘関係がはらむさまざまな問題もまた、そうした後ろめたさに原因があるのかもしれません。

2　少女まんがと「母殺し」問題

大塚英志の問題意識

母娘関係を分析にするにあたり、私たち日本人にとって圧倒的に有利なことが、少なくともひとつあります。それは、私たちが「少女まんが」というジャンルを知っている、ということです。しかし奇妙なことに、母娘関係を扱った日本人研究者の本を読んでいても、少女まんがを素材とした分析はほとんど眼にしたことがありません。これはきわめて残念なことです。およそあらゆる表現ジャンルの中で、「母殺し」問題というテーマを、その発生当初から最も切実な主題としてきたのが、少女まんがにほかならないからです。

たとえば大塚英志氏は、次のように述べています。

　少女まんがを論じる上で一度きちんと批評の俎上《そじょう》に乗せなくてはならないのは、少女まんがが母性をいかなる形で主題化してきたのかという問題である。そのことを抜きにして少女まんがの歴史は語れないし、その可能性と不可能性は特定できないように思う。(「〈母性〉との和解をさぐる」アエラムック『コミック学のみかた。』朝日新聞社、一九九七年)

この大塚氏の指摘は、この文章の発表当時隆盛をきわめていた、少女まんが家たちによる出産コミックへの批判を背景にしています。大塚氏は、「かつて少女まんがというジャンルが澱《おり》のように自らの内部に抱え、その呪縛に苦しんでいたかのように見えた主題」は、決して精算されていないと考えています。しかし出産コミックの書き手たちは、そうした主題があたかも精算されたかのように、あっけらかんと自らの母性を肯定しているというのです。

しかし大塚氏は一方で、少女まんがという形式は作者の自意識をひたすら肯定的にしか描きえないという「致命的な欠点」を持つ、とも指摘します。だとすれば、母性の肯定も母性への問いも、肯定されるべきさまざまな自意識の共同体を形成するだけのことであり、そのようなジャンルはもはや「語るに値しない」とまで大塚氏は述べます。

大塚氏の論調はきわめて真摯《しんし》なものであり、この論文の激しいトーンには、大塚氏自身が少女まんがというジャンルに個人的な「母性への問い」の答えを求めていたのではないか、という疑いすら抱かせるものです。それゆえに答えてくれると信じていたジャンルに裏切られたという怒りが文章の基調をなしているようにも読めます。

この文章で大塚氏は、萩尾望都氏の『イグアナの娘』（小学館、一九九四年）という作品を取り上げます。それは名作の誉れ高いこの作品をほめたたえるためではありません。むしろこの作品については「彼女の作品歴に照らしあわせればテーマ的には後退している」と断定します。かわって大塚氏が高く評価するのは『マージナル』（小学館、一九八六年）というSF作品であり、「フェミニズム少女まんが」です。この作品の解説において、大塚氏は再び重要な指摘をしています。

24年組の少女まんがの最大の特徴は身体と内面の発見である。それは一言で言ってしまえば自らの性的身体とそれを見いだす自意識の発見である。性的身体を性的快楽のための身体と位置づけ直すには彼女たちの自意識があまりに大きすぎ、それ故に性的身体の発見はそのまま産む性としての自らの身体性の受容というより大きな命題を背負い込むことになる。

24年組の初期作品において、出産や母親の関係が未分化のまま主題化されているのはそれ故でもある。

「二四年組」とは、一九七〇年代に少女まんがのテーマや表現技法に革命的な変化をもたらした女性漫画家たちを指す言葉です。生年が昭和二四年前後に集中していたためこのように名付けられました。代表的な作家に竹宮惠子、大島弓子、山岸凉子らがいます。もちろん萩尾望都もその一人です。

これに続く『マージナル』の大塚氏独特の解釈も興味深いのですが、それは本書の主題からすればかなり方向性の異なる議論であると考えられるため、ここでは深入りしません。ただ、大塚氏が「やおい」作品（主として女性読者向けに作られた、男性キャラクター同士のホモセクシュアルな恋愛関係を描いた漫画や小説）の成立が母性という主題の忌避ゆえに成立しているとして、さらにその背後に「描き手自身にも未だ主題化されずにある男性原理の隠された抑圧」を指摘している点は重要です。

「やおい」というジャンルの成立に関する私なりの見解は第三章で詳しく述べますが、私はこのジャンルの成立においては、対幻想からの逃走と、純粋な関係性だけがもたらす享楽の追求が重要であると考えています。その限りでは、大塚氏の指摘はあくまで「やおい」成立の要因の一部をなしているに過ぎない、ともいえます。一見、少女（腐女子《ふじょし》?）たちが最も自閉的に振る舞っているかにみえるこのジャンルが、フェミニズム的な主題をはらんでいるという指摘はほかにもありますが、大塚氏の指摘が当事者による指摘以上に説得力を帯びてみえるのは、奇妙な逆説といえるでしょう。

『イグアナの娘』における「和解」

それはともかく、本書のテーマに即していえば、『マージナル』という作品の抽象性よりも、『イグアナの娘』の直接性のほうが、さしあたり価値を持っています。それゆえまずはこの作品について検討を試みましょう。

大塚氏の指摘にもかかわらず、私はこの作品がたいへんな傑作であることは疑いえないように思います。それは母娘関係における「身体」の意味を主題化するうえで、ちょうど第四章で後述する楳図《うめず》かずお氏の『洗礼』(小学館、一九七六年)という作品と好対照をなしています。

以下にストーリーを結末まで紹介します。ネタバレで価値が減る作品ではありませんが、未読の方はご注意ください。

本作は母に愛されない娘が主人公です。母親は自分の生んだ娘がどうしてもイグアナに見えてしまうため、愛することができません。人間に見える次女は愛することができるのに、イグアナそっくりの長女はうとましい。長女もまた、母親に愛されず、妹に比べて「みにくい」といわれ続けたため、実際には美人で優等生であるにもかかわらず、劣等感を抱き続けます。やがて長女は結婚し女の子を生みますが、娘は母親に似ているために、愛することができません。そんなある日のこと、母親が脳溢血《のういっけつ》で亡くなったという報せが届きます。駆け付けた長女が目撃した母の死に顔は、イグアナの顔をしていました。長女は激しいショックを受けますが、ここに至ってはじめて母親の苦しみを理解し、母親と「和解」を遂げようとします。

大塚氏は萩尾望都という作家がいまだ母性と和解していないことに「安堵」し、彼女が「子という他者への違和」を表明している点を評価します。それは実母を嫌悪しつつ自分が生んだ子供への肯定を自己肯定と重ねてしまう内田春菊のような作家とは対照的である、とされます。

大塚氏がおそらくは本作をそれなりに評価しつつも、『マージナル』との比較において「後退している」と批判するのは、ひとつには主題の直接性と、結末における「和解」ゆえでしょう。ハッピーエンドだから、というわけではありません。本作の結末は、あたかも「母殺し＝和解」と読むことも可能です。大塚氏の違和感は、かくも安易に成立してしまった母殺しに向けられたものであるように、私には思われるのです。

その仮定のうえで、あえて問うのですが、本作の結末は、果たして「母殺し＝和解」なのでしょうか。

萩尾望都『イグアナの娘』より
Ⓒ萩尾望都／小学館文庫

むしろ私には、母殺しの不可能性が強く示唆された終わりのように思えます。果たして主人公は、母にそっくりの自分の娘の顔を、人間の顔として見続けることができるでしょうか。母の正体＝イグアナを知り、母の苦悩を理解したところで、「母性」の呪縛が解けるわけではありません。たとえ母という個人は〈赦す

＝殺す〉ことが可能だとしても、自らの内面にも根を下ろしている「母性の呪縛」は、この程度の洞察では救われない可能性もあるのです。

内田春菊の出産本

ちなみに、大塚氏が批判する内田春菊氏の出産本とは『私たちは繁殖している』シリーズを指しますが、彼女の実母への嫌悪と自らの母性の肯定は、必ずしも矛盾ではないと私は考えます。それは彼女の近作『ＡＣ刑事　日笠媛乃』（祥伝社、二〇〇七年）を読めばあきらかでしょう。

娘の下着や性生活にまで干渉してくるうっとうしい母親を持ちながら、その母親のもとから離れられない女性刑事がヒロインです。おそらくは自身の体験よりも取材にもとづいているとおぼしい母親の造形は、やや図式的ですが、それだけにこの主題の選択は、いかにも内田氏らしいものに思えます。わが国におけるＡＣの受容が――いささか安易にも――母親の否定を介しての自己肯定の試みとして理解された経緯を考えるなら、彼女の「ねじれ」にみえるものは、それほど不可解なものではありません。

もちろん内田氏はいわゆる「少女まんが」の描き手ではなく、青年誌を活動の場としつつ、性描写をふくむ男性向け作品が描ける女性漫画家、という位置づけの作家です。それゆえ彼女の「フェミニズム」は、異性愛の全面肯定を通じた自己肯定にもとづくものであり、そこには男性からみた「わかりやすさ」があります。これは彼女の実母嫌悪の理由が、小説『ファザーファッカー』などの記述を信ずるならば、義父による性的虐待に積極的に加担したという事実によるためであるように思います。

内田氏はその苛酷な体験ゆえに、自らの母性を全面的に肯定することで、「母殺し」を敢行しようと試みているようにも思えます。それにもかかわらず『AC刑事 日笠媛乃』のような作品が描かれてしまうあたりに、「母殺し」の不可能性がかいまみえるのです。

「ボーイズラブ」を支える女性心理

よしながふみ氏は、二四年組の志を継承するとはっきり宣言した漫画作家ですが、彼女が「やおい」同人誌も活発に手がけている事実は、先ほどの大塚英志氏による指摘をふまえて考えるなら、もはや偶然ではないでしょう。彼女はまた、現代におけるフェミニズムのありようをいかに受容可能なものにしていくか、つねに心を砕いている作家にも思えます。

ところでよしなが氏は、三浦しをん氏との対談で、たいへん興味深い発言をしています（「ホモ漫、そして少女マンガを語りつくす⁉」『小説Ｗｉｎｇｓ』二〇〇六年冬号）。彼女は現在の「ボーイズラブ」（男性同士の恋愛を題材にした女性向け作品）のブームについて、それがフェミニズムと「無意識的にちょっとだけ繋がっている」とします。さらに彼女は、「ボーイズラブ」人気が「もてない女の慰め」であるかもしれない、ともいいます。なぜならこのジャンルは、「今の男女のあり方に無意識的でも居心地の悪さを感じている人が読むものである」ためで、ただその居心地の悪さには、男女差があると彼女は指摘します。どういうことでしょうか。

男の人の抑圧ポイントは一つなんですよ。「一人前になりなさい、女の人を養って家族を養っていけるちゃんとした立派な男の人になりなさい」っていう。だから男の人たちってみんなで固まって共闘できるんです。男は一つになれるんだけど、女の人が一つになれないっていうのは、一人ひとりが辛い部分っていうのがバラバラで違うんでお互い共感できないところがあると思います。生物学的な差では絶対にない。これは差別されてる側はみな一緒ですよね。アメリカにおいて、全部合わせれば白人より多いはずのマイノリティが文化が違うから一緒になれないのと同じです。（同対談より）

私はこのくだりを読んでたいへん感銘を受け、いろいろなところで紹介してきました。驚いたことに、ほとんどの女性がこの指摘に深い共感を示してくれました。もちろん私は男なので、よしなが氏の指摘を直感的に理解したり、共感したりすることはできません。でも、この言葉が何かとても本質的なこと、少なくとも、私が今まで読んだどんなフェミニズム本にも書かれていないほど重要な意味を持っていることは、直感的にわかりました。

女性の抑圧ポイントの多様性

「抑圧ポイント」という何気ない言葉も、けっこう画期的なものです。ある人に劣等感を感じさせるような価値規範、といった意味のことを、たったこれだけの言葉に圧縮してみせる手際が見事です。

男性の抑圧ポイントがひとつだけ、という指摘も「ごもっとも」としかいいようがありません。確かに、男性の経験する「実存的悩み」のほとんどは、ヘテロセクシズムにおける抑圧に還元できるからです。

それは言い換えるなら、「多くの女を所有する立派なペニスであれ」という定言命令（無条件に従うべき命令）です。あえて断言しますが、ほとんどの「男性」は、この命令のもとで生きているといっても過言ではありません。もちろん男性の欲望も多様なものですし、それぞれに個性はあるのですが、そうした違いというのは要するに、この「命令」に対する態度の違いにほかならないのです。命令を素直に受け取って女色にふけるか、命令に反発して女性を拒否するか、命令を聞き流すふりをして女性とはほどほどにつきあうか。フェティシズムのように、命令をゆがめて女性の代理物（フェティッシュ）で満足する、という方向性もあります。

だから男性というのは、欲望という点では多様なものを持っていても、劣等感を感ずるときは驚くほど単純になる。たとえば多くの男性は、「もてない男」や「電波男」のワンフレーズで、熱く連帯できる程度には単純です。どちらも「女性に性的アピールができない」という劣等感しか共通点がないにもかかわらず、です。

ところが女性は、ずっと複雑な共感の仕掛けを秘めた「負け犬」のようなフレーズによってすら、これほど単純に連帯することはありません。この違いはどこから来るのでしょうか。

先の対談でのよしなが氏の指摘は、要するに「女性は一人ひとりが、本質的にマイノリティなのだ」ということです。女性差別のようなはっきりした抑圧構造がある場合は別ですが、そういった粗暴な抑圧システムがいざなくなりかけてみると、今度は女性一人ひとりが、自分自身を抑圧してしまうような複雑な価値観を生きていたことがはっきりしてきたということでしょう。

ここにはもちろん、政治的な問題が絡みます。しかし今は、そのことは措きましょう。ここに述べたような男女差が生ずる最大の原因として、私は「父息子関係」と「母娘関係」の違いを考えています。どういうことでしょうか。

多くの場合、人は基本となる価値観を、まず親を通じて学びます。この点は、男も女も一緒ですね。ただし、男性にとっての父親の影響は、娘にとっての母親の影響ほど、決定的なものにはなりにくいように思います。

なぜなら、男性的な価値規範は、しばしば父親の頭上を越えて、普遍的なもの（言葉やシンボル）とつながっている（ようにみえる）からです。だから、父親は必ずしも絶対的な存在ではありません。父親自らが示した価値規範に照らした結果、当の父親が軽蔑されてしまうということもありうるのです。

しかし、母親の価値規範の影響は、父親のそれに比べると、ずっと直接的なものです。母親は娘にさまざまな形で「こうあってほしい」というイメージを押しつけます。娘はしばしば、驚くほど素直に、そのイメージを引き受けます。この点が重要です。価値観なら反発したり論理的に否定したりもできるのですが、イメージは否定できません。それに素直に従っても逆らっても、結局はイメージによる支配を受け入れてしまうことになる。母親による「女の子はかくあるべし」という、イメージによる押しつけの力は馬鹿にできないのです。

『愛すべき娘たち』の母親像

ところで、よしなが氏には、まさに母娘関係をメインテーマとする作品『愛すべき娘たち』（白泉社、二〇〇三年）があります。これは一部キャラクターが共通する短編連作といった趣の作品で、各話ごとにテーマは異なるのですが、中心にいるのは麻里と雪子の親子です。物語の後半に登場する麻里の母親、つまり雪子の祖母が加わって、本作の縦糸には三代にわたる母娘関係があったことが後半あきらかになります。

先にも述べた通り、よしなが氏は言葉の最も良質な意味においてフェミニズム的な作家です。ボーイズラブを描くことが彼女のすぐれた資質を育むことに寄与したのだとすれば、確かにこのジャンルはフェミニズムにも通ずるものがあるでしょう。それはともかくとして、彼女のそうした立ち位置が、言葉本来の意味における「ジェンダー・センシティブ」な視線として機能した結果が、このすばらしい作品集です。

どのエピソードも語るべき問題をはらんではいるのですが、ここでは母娘関係が最も直接に取り扱われる最終話に注目してみます。

雪子の母親である麻里は、並はずれた美貌を持ちながら、自らを「出っ歯だから美しくない」と思い込んでいます。そんな母親には娘の雪子よりも年下の大橋という若い恋人がいるのですが、大橋がどれほど「きれいだよ」とほめても、麻里はかたくなにそれを否定するのです。凛然《りんぜん》としつつ女性らしさも失わない美しい母、麻里の中で、自らの美貌のかたくなな否認だけは、どうにも不可解なものに思えます。

麻里のこうしたかたくなさには、意外なほど単純な理由がありました。

麻里の母親、つまり雪子の祖母は、女学生時代に、美人を鼻に掛けた友人の振舞で、ずいぶん嫌な思いをしたことがありました。しかし彼女が結婚して生んだ娘・麻里は、幼い頃から、道行く人がつい振り返るほど可愛らしい女の子に育ちました。ある時通りすがりの人に「なんて可愛い子」と感嘆された麻里が、ちょっとこびるようなしぐさをしたのを、祖母は見逃しませんでした。このままでは、あの嫌な友人と同じ人間になってしまう。そう危惧した祖母は、ひたすら娘の容姿をけなし続けることにしたのです。

母親からしつけの一環として「可愛くない」といわれ続けた麻里は、他人からどれほど容姿をほめられても、自信を持つことができません。雪子はこのエピソードから、ひとつの真理を学びます。

「母というのは要するに一人の不完全な女の事なんだ」と。

これは娘が母親の呪縛から解放されるための、きわめて重要な言葉です。

しつけと感情の混同

私はこの、麻里の母娘関係こそが、母親による娘支配の——いささか戯画化されたものではあっても——ひとつの典型ではないかと考えています。

よしながふみ『愛すべき娘たち』より

©よしながふみ／白泉社

確かに麻里の母は、「しつけ」のつもりだったのかもしれない。しかし、ならば、このやり方は間違いです。女の子が容姿を否定されることは、時に存在そのものの否定になりかねません。だから、しつけとしてより適切な言い方は、たとえばこうあるべきでしょう。「お前は、誰よりも綺麗で可愛らしいけれど、それを鼻に掛けるような人間になってはいけないよ」と。

自己肯定感を損なわずに、謙虚さを身につけてもらうためには、そうしたメッセージを繰り返し伝え続けるほかはないでしょう。それがわからない麻里の母親ではなかったはずです。しかし残念ながら、彼女は麻里とかつての嫌な友人とを、つい重ねてしまいました。お前は美しくないというたびに、麻里の母親は、まるで例の友人を罵っているかのような痛快さを、どこかで味わっていたのではないか。こうした個人的な憎悪としつけとの混同こそが、この母親の「不完全さ」なのではないでしょうか。

本作にはこのほかにも、さまざまな意味で「愛すべき娘たち」が描かれます。娘たちを呪縛するのは、何も母親の言葉だけとは限りません。父親に虐待された結果、性的身体による男たちへの復讐を繰り返す娘。祖父の言葉に縛られ、恋愛することができなくなった娘。関係した男たちの言葉に縛られ、男に奴隷のように奉仕しなければ恋愛関係を保てない娘。

その卓抜な技巧ゆえに、ストーリーは決して図式的にはみえません。ただ、それにしてもいささか心理主義的過ぎる、という批判は可能かもしれませんし、よしながも氏もそうした批判は想定済みでしょう。しかし私は、そうまでして母と娘の物語を描かずにいられなかったよしなが氏が、二四年組における母性の主題をあきらかに意識していた、と考えます。少女たちの肥大した自意識が特権化しつつあった母娘関係の呪縛を相対化すること。二四年組の遺したものを継承すべく、彼女はまず何よりも、「母の呪縛」の位置を意識化しようとしているのではないでしょうか。

安易な決別や野放図な主題化では、二四年組を超えることはできないからです。

しかしまた、私は考えます。つまるところ、母は娘に、こうした個人的感情しか与えることができないのではないか、と。価値観に重みをもたらす最大の要素は、その価値観を裏づける理屈ではなく、価値観を獲得する際に感じた感情である可能性が高い。だから価値観は、幼い頃に感情を通じて伝えることが最も望ましいのです。

もしそうだとすれば、やはり「母の呪縛」の力は、最も長く強力に作用するでしょう。幼児期に刷り込まれた価値観は、さまざまな形で人の人生に影響します。いや、時期的な問題だけではありません。母娘関係とは、後の章でも述べる通り、身体的な同一化を基本として「プラトニックな近親相姦」に至りかねないほどの深い絆です。こうした関係のもとで交わされる情緒的コミュニケーションは、時に理不尽なまでの支配力を娘に及ぼしてしまうでしょう。

第三章
女性ゆえの困難について

1　「女性性」をめぐる精神分析

男性のエディプス・コンプレックス

母娘関係特有の難しさ、そして娘による「母殺し」の困難を語るうえでは、「女性性」のテーマは避けて通れません。この節では、主に精神分析の立場から、女性性の問題を検討しておきたいと思います。

母―息子関係と母―娘関係の違いを、生物学のみに還元することはおそらく不可能です。もちろん、あらゆる関係はつねに一回性を帯びた固有のものであるがゆえに、どんな科学にも還元できない、という言い方もできます。また、だからこそ「関係性の科学」としての精神分析が要請されるのでしょう。

精神分析的に考えるなら、「ジェンダー」とはたとえば「母親への態度の違い」という形で決定づけられることになります。とりわけ、それが最もはっきりするのは、例の「エディプス期」においてです。

ここでエディプス・コンプレックスについて、ごく簡単に説明しておきましょう。これは主に男の子が経験するという、「父を殺し、母と寝る」という幻想にまつわる愛と憎悪の葛藤のことです。フロイトによれば三歳から五歳の子供がこうした葛藤を経験するとされ、この時期はエディプス期なども呼ばれます。

とりわけ男の子にとっては、この段階は重要なものとなります。エディプス期を経ることではじめて、人格や欲望の方向性がはっきりと形作られるからです。ラカンなどは、この時期を経てようやく、人間は言葉を獲得する、という意味のことを述べています。要するにこの時期を経ることで、はじめて幼児は「人間」になるのです。

エディプス期に生ずる感情のひとつに、「去勢不安」というものがあります。せっかく生えているペニスを、禁断の母親への愛ゆえに、父親によって切り取られてしまうかもしれないという不安です。この不安を解消すべく、男の子は、自らの欲望を制限しなければなりません。かくして男子は、母親の独占を諦め、父親に同一化しようとします。時には、この断念そのものが「去勢」といわれることもあります。つまり男の子は、去勢されることによって、エディプス・コンプレックスを「卒業」するのです。

女性のエディプス・コンプレックス

ならば、女の子はどうでしょうか。

母親嫌悪に通ずるような「女性嫌悪」を近代以降の産物とみなす立場もあるようですが、私にはそのようには思われません。少なくともフロイトに従うならば、女の子の母親嫌悪は、より根源的なものであるからです。以下、「女性の性愛について」(『フロイト著作集』第五巻、人文書院、一九六九年）などにもとづきながら、その考え方をなぞっておきましょう。

女の子はまず、離乳の段階で母親から分離します。フロイトは、女の子の場合、この分離の恨みが男の子よりも長く残ると考えました。そののち娘は、自分にペニスがついていないことを発見しますが、これとほぼ同時期に、母親にもペニスがないことに気づきます。ここから――かの悪名高い――「ペニス羨望」がもたらされるのです。

この時点で娘は、ペニスを持たない無力な母親をいったん見捨てます。このとき娘の中に抑え込まれていた、離乳時点での分離の恨みがぶり返してきます。これが娘から母親への憎しみが芽生える、最初のきっかけとなります。そして、この時点から娘の欲望は父親へと向かうのです。

フロイトによれば、女の子のエディプス・コンプレックスは、父親へと欲望が向かいはじめた時点からはじまり、その後ほぼ一生涯続くとされています。先にふれたペニス羨望は、セックスでペニスを享受したいという願望に変わり、ここで性感帯がクリトリスから膣に変わります。膣でペニスを享受したいという段階に至った女性は、さらにペニスの代理物としての「子供」を生みたいという願望を持つようになるとされています。

このあたりの経緯については、フロイトから直接引用しておきましょう。

女の子のエディプス・コンプレックスは、父親から贈物として子供をもらいたい、父親の子供を生みたいという願望――それは長いあいだ抱き続けられるが――において極点に達する。しかしこのような願望は決して満たされるものではないので、やがてエディプス・コンプレクスは、しだいに消滅していくような印象を受ける。このペニスと子供をもちたいという二つの願望は、無意識の中にしっかり根をおろして、女性が後年その性的役割を演ずるための準備をするのに役立つ。（「エディプス・コンプレクスの消滅」『フロイト著作集』第六巻、人文書院、一九七〇年）

こうしたフロイトの記述は、おそらく日常的な意味での事実や実感にはそぐわないものかもしれません。とりわけ「ペニス羨望」などの概念は、多くの女性にとってぴんと来ないものであっても不思議ではありません。これはしかたのないことで、そもそも精神分析は無意識の欲望をさぐるための技術であり、その概念は分析のための道具のようなものなのです。

しかしフロイトの仮説は、ジェンダーが分化していくメカニズムについての、明晰で構造的な解釈という点で、とうてい無視できないほどの価値があります。とりわけ、父親に対する母親の無力さ（ペニスを持たないこと）を知ることが母親への嫌悪感を高めるという過程は、後でもふれるように、思春期以降にも反復される構図です。

思春期問題における性差

ジェンダーは、思春期以降において、さらに複雑な形で分化と発達を遂げていくことになります。

「スチューデント・アパシー（学生無気力症）」の研究で知られる名古屋大学名誉教授の笠原嘉氏は、思春期・青年期における問題の男女差について、次のように指摘しています（『青年期』中公新書、一九七七年）。

青年期において、男性の困難は、対人恐怖という形をとることが多い。これに対して、女性における困難は摂食障害という形をとりやすい、と。これらは成熟していく過程で何が困難となるか、その男女差の問題、とみることもできるでしょう。

なぜ、このような違いが生ずるのでしょうか。そこにはおそらく、自己評価を支える価値観の男女差があると考えられます。

第一章でも述べた通り、男性の場合、最も重要となるのは、社会的な同一性の問題です。そこでは学歴、職歴、あるいは知的・身体的な能力といった、社会的な有用性が大切になってきます。男性の葛藤が対人恐怖という形をとりやすいのは、その葛藤の本質が、「自分の社会的価値を低く見積もられるのではないか」という点にあるからです。それゆえこの葛藤は、「恥」や「世間体」の感覚と深く結びついています。

一方、女性の場合は、ここで述べた男性的な葛藤ともけっして無縁ではないにしても、より強いのは、身体表面において悩む傾向です。たとえば摂食障害は、現代においても依然として、圧倒的に女性に多い疾患です。あるいは抜毛症（トリコチロマニア）がほぼ女性の病理であることも、同じように考えることができるでしょう。

おそらくこの問題は、単に病気に限った話ではありません。たとえば男性の自己嫌悪は、自分の性格や能力といった、いってみれば「象徴的なもの」に向けられがちです。これに対して、女性の自己嫌悪はそれ以上に、自らの身体そのものに固定されやすいのではないでしょうか。

身体にまつわる葛藤は、しばしば誤解されるように、男性からの視線のみが原因ではありません。女子病棟で起こる若い患者同士のさまざまな葛藤やトラブルのありようをみていると、女性身体にまつわる葛藤は、多くの場合、まず同性からの視線を意識するところからはじまっています。むしろんここには、単なる勘ぐりや被害妄想も含まれるでしょう。

しかしたとえば、一般の職場においても、最も熱心に女性社員の服装や化粧をチェックしているのは、ほかならぬ女性の上司や同僚です。男性はそうした部分に関しては、驚くほど鈍感で、ほとんど何も見ていません。こうした同性からの値踏みする視線は、思春期における同性集団での体験を経て内面化され、つねに自分の身体をモニターし続けるような視線がもたらされるのでしょう。たとえば桐野夏生氏の小説『グロテスク』(文藝春秋、二〇〇三年)は、女性の容姿へと向けられた、同性による容赦のない視線のありようを、身も蓋《ふた》もなく描き出しています。

この、自分の身体イメージをモニターする視線が暴走するとき、その葛藤は摂食障害や抜毛症といった病理として表現されるのではないでしょうか。

女性の摂食障害、とりわけ拒食症のケースは、はた目には骨と皮ばかりに痩せているのに「自分はまだ肥(ふと)っている」と思い込んでいることがよくあります。これは精神医学的には、身体イメージのゆがみとして問題とされます。

こういう事例をみていると、身体イメージというものは、時にほとんど妄想的なレベルにまで至りうるのだということを痛感させられます。このとき彼女の身体イメージは、もはや異性の視線どころか、同性の視線をもふりきって、痩せ細っていくという過程そのものに固執しはじめているようにも思えます。彼女が欲しいのはもはや単なる「スリムな身体」ではありません。「際限なくスリムになり続ける身体」なのではないでしょうか。

摂食障害の問題は、しばしば成熟拒否、あるいは「女性らしさ」の拒否であると語られてきました。しかし、本当にそうなのでしょうか。ここでいう成熟とは、母性の拒否と考えることもできるので、その意味では「女性らしさ」とほぼ重なります。

確かに拒食症患者は、しばしばボーイッシュな外見を装いたがることもあります。しかし「女性らしさ」の拒否がそのまま「男性らしさ」への接近につながるものでしょうか。もちろんそうではありません。

むしろ私などは、拒食症に陥った女性患者に、ある種究極の「女性らしさ」を感ずることがあります。どういうことでしょうか。

ダイエット患者の「女性らしさ」

例に引くにはいささか有名過ぎて気がひけるのですが、ここで大島弓子氏のすぐれた短編『ダイエット』（角川書店、一九八九年）についてふれておきます。この作品では、およそ現実の摂食障害とは似ても似つかない「事例」が描かれていながら、しかし摂食障害のひとつの本質に届いているという点で、やはり古典的名作の名に値するものでしょう。

本論に関係したところだけ抜き出すなら、もともと過食気味だった主人公の少女が、親友にボーイフレンドができたことをきっかけにして、拒食に陥っていくというストーリーです。

まず、主人公が拒食症になるきっかけが重要です。なぜ親友にボーイフレンドができることが、そのきっかけになりうるのか。私はここにこそ、少女のヘテロセクシズム（異性愛主義）への反発をみます。前章でふれたよしながふみ氏の表現を借りるなら、いともあっさりと「恋愛教」に入信した親友への抗議として、拒食が選択されるということです。

実際には、こうしたきっかけで拒食に陥った事例を私は知りませんし、そういう事例報告を読んだこともありません。現実にきっかけとして最も多いのは、なんといっても「ダイエット」です。それだけをみれば、やはり拒食症の原因は「痩せ願望」であり、さらにその背景には、痩身を美しいとする社会文化的な偏りがある、といった、まあよくある話になってしまいます。

しかし大島氏は、痩せ願望のさらなる背景に、ヘテロセクシズムへの反発をみてとったのではないでしょうか。これは後述するように、男性にはほとんどみられず、ほぼ女性のみにみられる傾向です。先に私が拒食症患者にみる究極の「女性らしさ」と述べたものは、こうした、セクシュアリティの徹底否認という態度を指しています。

本作では、拒食に陥ったヒロインを病院につれていったりはしません。私が驚いたのは、フィクションならではの、その画期的な解決法でした。

彼女の親友とボーイフレンドは、なんと彼女の「親」になることを決意し、この疑似家族関係においてなんらかの救済が示唆されつつ、物語は終わるのです。疑似家族による解決、とはいかにもファンタジックなオチではあるでしょう。しかしここにも、虚構によってしか描かれえない真実があります。

なぜ「疑似家族」なのか。それはヒロインを「恋愛教」から保護するために、どうしても必要な手続きだったのではないでしょうか。もし疑似家族を居場所にできれば、彼女はもはや、拒食症によって脱性化される必要がなくなります。疑似家族の「子供になること」によって、安全に脱性化された存在になることができるのです。

ヘテロセクシズムの刷り込み

ここで、ヘテロセクシズムについて簡単に説明しておきましょう。

これは、人間の性関係は、男と女の対こそが正統であり、そのほかは異端である、という偏りを持ったイデオロギーのことです。もちろん性関係は、ゲイやレズビアンに限らず多様であるべきものです。少なくとも「ジェンダー（社会的・心理的性差）」という視点からみれば、ヘテロとはせいぜい、数多くある性的嗜好のひとつ、という位置づけしか持ちません。

とはいえ、ヘテロセクシズムの支配は、いまだきわめて強力です。なぜなら私たちは、ごく小さい頃から、男女を対とした人間関係の持つ意味を、ありとあらゆる場面で刷り込まれ続けるからです。家庭、学校、社会、あるいはメディアなど、およそヘテロのバイアスがかかっていない場所はどこにもありません。

拒食症患者が拒否しているのは、ヘテロセクシズムそのものであり、そうした欲望の対象であったり主体であったりすることそのものかもしれません。

精神分析によるならば、男性のホモセクシュアルはナルシシズムの変形であり、異性愛の対象の置き換えです。それゆえ男性同性愛は性倒錯の一種と（精神分析的には）みなされます。これに対して女性のレズビアンは性倒錯ではなく、父の名への反抗としてなされるといわれています。

これはもっと直接に、ヘテロセクシズムへの異議申し立て、と言い換えることもできるでしょう。あるいは女性は「ヒステリー」と化して、さまざまな症状（意識的にコントロールできない表出）によって「女性とは何か？」という問いをシステムにつきつけることもできます。

精神分析の発想になじみのない方にとっては、これらはあまりに飛躍し過ぎた決めつけのように思われることでしょう。もちろん、それぞれの記述にはしっかりした理論的裏づけがありますが、今は詳しい説明をする余裕はありません。ここでは次のように、単純に理解しておいてください。

男性にとってヘテロセクシズムはより自然な欲望の形式であり、女性にとってはしばしば違和感のもとである、というふうに。

それゆえ女性は、しばしば症状の形を借りて、ヘテロに異議申し立てをつきつけます。しかし残念ながら、反抗も問いかけも、しばしばヘテロの制度を強化する方向に働いてしまいます。なぜでしょうか。

「女性性」という概念

これは女性性の成立に関わる問題です。精神分析的に考えるなら、女性性とは徹底して表層的なものを意味しており、そこにいかなる「本質」もないとされます。そうした女性的な表層を見出す視線とは、男女を問わず、異性愛的な視線にほかなりません。言い換えるなら、ヘテロセクシズムを前提にしなければ、女性はその存在を一貫性のあるものとして主張できないのです。

なぜ、このようなことが起きるのでしょうか。

比喩的な言い方をすれば、それは女性が「身体」を持っているからです。もう一度繰り返しますが、「女性性」にはいかなる「本質」もありません（念のため断っておきますが、もちろんすべての「女性」個人は、「男性」個人と同様、なんらかの「本質」を持っています。ここで問題にされているのは「女性性」なる概念です）。それは女性の身体表面にのみ存在します。つまり、女性は表層的な存在であるがゆえに、身体を持つことができるのです。

これに対して、男性は「身体」を持ちません。先ほど対人恐怖と摂食障害の対比のところで述べたように、男性には象徴的な意味での「本質」しかありません。男性らしさと考えられるものは文化ごとにも異なりますが、たとえば「論理性」「潔さ」「筋を通す」「我慢強さ」などは、ほぼ共通して挙げられる特性でしょう。おわかりの通り、これらはことごとく観念的、抽象的な特性です。

これに対して「女性らしさ」を観念的に考えようとすると、ここに挙げたような「男性らしさ」の否定か例外にしかなりません(「非論理性」や「弱さ」など)。一方、積極的な意味での「女性らしさ」は、外見や所作などの身体性において表現される傾向にあります。

これは「しつけ」を例にとるとわかりやすいでしょう。「男らしさ」のしつけはしばしば観念的になされがちであり、一方「女性らしさ」のしつけは、身なりやしぐさといった、身体性においてなされます。いうまでもありませんが、以上は「そうあるべきだ」という話ではなく、世間一般にはそういうことになっている(あるいは「なっていた」)、という意味です。

おそらく身体感覚のありようにおいて、一般に男性のほうが女性に比べてはるかに鈍感なのは、こうした「しつけ」の影響もあるのでしょう。男性にとっての肉体は、まるで空気のように透明な存在です。男性が自分も身体を持っていることを思い出すのは、激しい疲労や痛みといった「問題」が生じた場合だけ、といえるほどです。一部の男性が好む「汗をかく快感」といったものは、肉体を酷使することによって自らの身体性をなんとか確認したいという欲望の表現なのかもしれません。

もちろん彼らはファルス(ペニス)を持っていますが、それは身体器官というよりは、男性の本質を凝集した、文字通りシンボルとしての器官、ということになります。

身体への違和感

さて、女性は身体を持っていますが、彼女たちは自らの身体性に対して、どこかつねに居心地の悪さを感じています。やや大げさにいえば、女性はいわば、身体という着ぐるみを着ているようなところがあります。

このことに関連して、アーティストのタカノ綾氏（『Tokyo Space Diary』早川書房、二〇〇六年）は、興味深いエピソードを紹介しています。高校時代に、友人が腕をつまんで「この肉が邪魔」といったというのです。この言葉に深く共感した彼女は、ウィリアム・ギブスンの『ニューロマンサー』の世界に、「肉からの解放」の可能性を見出します。ネットワークの仮想空間において、はじめて身体から自由になれるという感覚。これはまさに、女性ならではのサイバーパンクの楽しみ方でしょう。

一般に男性は、女性の身体をつねに「根源的なもの」、あるいは「自然なもの」としてながめようとします。女性の「弱さ」を証し立てるかのような「心を体が裏切る」式の神話は、とりわけ男性が好むところです。しかし実際にありうるのは、せいぜい「理屈を感情が裏切る」という程度の事態であって、そうであるならこれは女性に限らず男性にもしばしばみられるものでしょう。

ですから、もし「この肉」に自足しているかのような女性がいたとしても、彼女がヘテロセクシズムの無自覚な信奉者とは思われません。むしろ彼女は、ヘテロなシステムをシニカルな視点から利用しようと考えているのではないでしょうか。

ちょっと話が逸《そ》れてしまいました。ここで私は要するに、女性に固有の「身体への違和感」を挙げておきたかったのです。

すでに事例においてみてきたように、摂食障害事例の多くは、しばしば母親との間に大きな葛藤を抱えています。その激しさは、通常の母娘関係におけるそれを凝縮したようなものになりがちです。なぜこれほどの激しさが生ずるのでしょうか。私はその理由のひとつとして、彼女たちに深く根を下ろしている、強い女性嫌悪ともいうべき基本感情があるのではないかと考えています。

拒食になるきっかけは、しばしば軽い気持ちではじめたダイエットです。一般にダイエットとは、女性として魅力的な身体を獲得するためになされる行為だったはずです。しかし、その行為は時に拒食症という形で自己目的化し、ほとんど強迫的なまでに過剰なものになっていきます。もちろんこうした過剰さについては、嗜癖《しへき》という点からも十分に説明可能でしょう。しかし本当に、それだけなのでしょうか？

私の考えを繰り返し述べるならば、拒食症におけるダイエットとは、最も過激な形でのヘテロセクシズムの否定としてなされているように思われます。拒食症患者は、脱性化を通じてユニセックスを目指すかにみえるのです。そう、頭髪は短く刈り込まれ、月経の止まったがりがりの身体にまとわれるのは、中性的な衣服です。

そのとき彼女はもはや、異性からの視線は愚か、同性からの視線も顧みることをしなくなるでしょう。ただひとつの基準は、彼女の内なるボディ・イメージのみです。その基準めがけて、彼女は「この肉」をそぎ落とし続けます。このとき彼女の「イメージ」は、本当に狂っているのでしょうか?

むしろ肉=女性性という図式が成立するのなら、生命維持がぎりぎり可能な範囲で肉をそぎ落としてゆきたいという彼女の願望そのものは「異常」であっても、その願望を具現化する際の彼女の「認知」については、苛烈なまでに正常である、ともいいうるのではないでしょうか。

対幻想の起源

ところで、拒食症患者たちが拒絶しようとしているのは、ヘテロセクシズムだけではありません。しばしば生殖にもとづく「家族主義」も含めて、拒絶しているようにみえます。私はこうしたヘテロセクシズムのありようを、吉本隆明氏にならって「対幻想」と呼びたいと思います。

吉本氏は次のように書いています。

〈性〉としての人間はすべて男であるか女であるかのいずれかである。しかしこの分化の起源は、おおくの学者がかんがえるようにけっして動物生の時期にあるのではない。あらゆる〈性〉的な現実の行為が〈対なる幻想〉をうみだしたとき、はじめて人間は〈性〉としての人間という範疇をもつようになったのであるといえる。〈対なる幻想〉がうみだされたことは、人間の〈性〉を社会の共同性と個人性のはざまに投げだす作用をおよぼすことになった。そのために、人間は〈性〉としては男か女かであるにもかかわらず、夫婦とか、親子とか、兄弟姉妹とか親族とかよばれる系列のなかにおかれることになった。いいかえれば〈家族〉がうみだされたのである。(『共同幻想論』河出書房新社、一九六八年)

もしここに書かれてある通りならば、やはりヘテロセクシズムは対幻想の中核をなすことになるでしょう。それゆえ対幻想の主体はやはり、男性ということになります。これは先ほども述べた通り、男性にとってヘテロセクシズムは、女性以上に自然な欲望の形式であるためです。少しだけ補足しておくなら、男性におけるヘテロセクシズムは、ほぼ必然的に家族への欲望に結びつけられます。言い換えるならホモセクシュアルが問題となりうる理由のひとつに、家系の断絶という発想がまだありえます。

私は「対幻想」なるものが、基本的には男性の側に起源を置くものであり、女性はそれを受容させられているに過ぎないのではないかと考えています。そう考えるに至ったのは、いくつかの事例を経験したためです。

たとえば、ひきこもりについていえば、それが年単位で長期化した場合、女性のほうがあっさりと対幻想から解放される傾向があります。これに対して男性のケースは、性的葛藤からなかなか自由になることができません。「自分には手に入らないもの」としての「対幻想」、すなわち、恋人を持つこと、家庭や子供を持つことに対する、強い憧れを断念できないことが多いのです。

あるいは「おたく」業界における男女差に関しても、同様の指摘ができます。男性のおたくたちは、美少女アニメやフィギュアにうつつを抜かしながらも、「現実」において恋人を持つことを切望しています。もちろん本田透氏のように、それを断念せよと主張する人もいますが、本田氏の主張そのものが、こうした断念の難しさを示しています。

しかし、女性おたく（そのかなりの部分は「腐女子」などと呼ばれ、「やおい」と呼ばれる作品を愛好する人々です）の場合は、男性の場合ほど、そうした欲望が強くないように思われます。どうやら彼女たちの性欲は、虚構作品の消費によって、男性以上に完全に満たされてしまうらしいのです。こうした「腐女子」の欲望については、また後でふれます。

つまり私は、女性は男性とは異なり、環境いかんによっては対幻想をあっさりと捨て去り、ヘテロセクシュアルな欲望を否認した状態に長く留まることができる、といいたいのです。

「東電ＯＬ」と対幻想

先ほど私は、桐野夏生氏の小説『グロテスク』についてふれました。この小説は、直接的にではないにせよ、いわゆる「東電ＯＬ殺人事件」をひとつのモチーフとしています。

一〇年以上も前の話ですから最小限の註釈をつけておきましょう。この事件は、一九九七年に東京都渋谷区円山町《まるやま》で東京電力に勤務する女性社員の遺体が発見された殺人事件です。

被害者女性は慶應義塾大学を卒業し、東京電力に初の女性総合職として入社した、三十代のエリート社員でした。しかし彼女は退勤後、円山町付近の街頭で売春を行っていたことが判明します。昼間はエリートOL、夜は娼婦という二面性が人々の関心を引き付け、メディアも興味本位で大々的に取り上げ過ぎて問題となりました。

佐野眞一氏による『東電OL殺人事件』(新潮社、二〇〇〇年)によれば、被害者の女性は拒食症に近い状態にあったとのことです。以下に私の解釈を述べますが、これは実際に起きた事例の解釈というよりは、佐野眞一作『東電OL殺人事件』という物語の解釈として読んでいただければ幸いです。

ところで、斎藤学氏は、彼女の売春行為を一種の自罰行為に近いものだったと考えます。確かに、彼女の行為は、いささか過剰なものにみえるのも事実です。毎晩必ず四人の客をとるという異常なノルマや、行為に及ぶホテルの部屋を決まって糞尿で汚すという習癖など、ほとんど「症状」と呼んで差し支えないほどの行動パターンがみられたようです。

斎藤氏によれば、その行為は、父へのファザコン的愛着とセットになっているといいます。

父に愛着する娘は、父からの愛の充足を夢想する際に、かつての愛の対象であった母への裏切りの罰に怯える。(中略)母を捨てて、父と一体化するという、無意識的な幻想は、母の温もりへの裏切りとなるから、意識にのぼりにくい罪の意識とそれに応じた懲罰願望を生む。（斎藤学『家族の闇をさぐる』小学館、二〇〇一年）

一方、佐野眞一氏は、母親処罰という視点を持ち込みます。

彼女は自分を処罰することで、母親も処罰した。というより、自分を処罰することでしか、母親を処罰できなかった。東電ＯＬ一家の悲劇はすべてそこにあった。（『東電ＯＬ症候群』新潮社、二〇〇一年）

斎藤氏と佐野氏に共通するのは、「処罰」という発想です。この、いささか物語的なトーンが強過ぎる言葉を私はとりませんが、彼女の行為に女性嫌悪や母親嫌悪をみてとるという視点には同意できるところもあります。

私には彼女の行為が、きわめて極端な形式をとった「セクシュアリティの否認」ではないかと思われてなりません。彼女のいわゆる「自罰行為」は、私の臨床経験からみれば、一種の強迫行為にもみえます。そして、しばしば強迫行為は、エロスを否認するためになされることが多いのです。セクシュアリティを徹底して否認するためには、そこから快楽や享楽の要素を抜き取ってしまうことです。その意味で、強迫的な売春行為は、否認の極みともいうべきでしょう。不特定多数を相手とする性行為を、わずかな金銭と引き替えに、ひたすら機械的に反復すること。それこそは、エロスの息の根を止める、最も有効な身振りだったのではないでしょうか。彼女はおよそ性を享楽しなかったのみならず、徹底して性を無効化し、否認しつくそうとしたかにみえるのです。

彼女に拒食傾向があったとすれば、その否認の身振りこそは、拒食症患者におけるセクシュアリティの回避に近いものだったのではないでしょうか。さらにそれは、「対幻想」の否認として理解することで、いっそう一般化可能のようにも思われます。

仮に家族が対幻想から生まれたものであるとしても、その幻想の主体は男性であり、女性は幻想を投影される主体であるに過ぎないのかもしれない。だとすれば、母—息子関係が、ヘテロセクシュアルな形式に依存しつつ安定したものになるのに比べ、母—娘関係は、いっそう錯綜した不安定なものになるであろうことは想像に難くありません。

おたくの性差

こうしたことは、もちろん拒食症に限った話ではありません。「おたく」について考えてみましょう。男性おたくは、その幻想もしくは仮想空間内でも、ヘテロからの支配を受け入れてしまいます。すなわち、アニメやギャルゲー（美少女キャラクターの登場するゲーム）などに登場する美少女キャラクターに「萌える」。つまり男性おたくは、たとえ仮想空間の中であっても、そこに対幻想を求めずにはいられないのです。

しかし、知られる通り、女性おたくはそうではありません。しばしば「腐女子」などと呼ばれる彼女たちが愛好するのは、男性キャラクター同士のホモセクシュアルな恋愛関係を描く「やおい」と呼ばれるジャンルです。このジャンルの作品にあっては、女性はほとんど登場しません。彼女たちは、虚構空間内にあっては、対幻想の抑圧から解放されて、描かれた関係性そのものに「萌える」ことが可能です。

そう、男性おたくがキャラクター萌え（対幻想の影響下）優位であるとすれば、女性おたくは関係性萌え優位なのです。この違いはけっこう重要なので、かいつまんで説明しておきましょう。ここには男性と女性のセクシュアリティにおける、根源的な非対称性がみてとれるためです。

男性は対象を欲望し享楽する際に、自らの「立ち位置」を定めることがどうしても必要となります。これはファルス（＝ペニス）を持つ存在としての宿命のようなものです。まずファルスの位置を定めてから、対象と向かいあうという享楽の形式を「ファルス的享楽」と呼びます。

一方女性の享楽においては、自らの主体のポジションへのこだわりはずっと希薄なものとなります。むしろ、ひたすら対象に没頭し、同一化するためには、自らを空虚にしてのめり込むほうがより享楽は大きくなります。こちらは「他者の享楽」と呼ばれます。

この対比を別の表現で言い換えるなら、男性おたくの「キャラクター萌え」は、キャラクターというフェティッシュを所有すること、すなわち「持つこと」が重視されます。これに対して女性おたくにおける「関係性萌え」では、キャラクターや関係性に同一化すること、すなわち「なること」

が重視されるのです。

たとえば「やおい」作品では、しばしば男性同士の性行為が描かれますが、このとき読者である女性たちは、性行為において攻める側（挿入する側）、受ける側（挿入される側）のいずれにも同一化できるのだといいます。これはそうした描写にあって、一般に男性視点にしか同一化できない男性とは対照的です。

ではなぜホモセクシュアルなのか？　ここで詳細に語ることはしませんが、私はそれがフェミニズム的な意識に根ざしているとは思えません。むしろ快感原則を追求していくうえでの、純粋に機能的な要請による、と考えています。

どういうことでしょうか。ひとつには、女性キャラクターを徹底して排除するためです。女性キャラクターの存在は、純粋な関係性の享楽にあっては不純物でしかありません。それはなまじ読者と同性であるがために、女性視点への同一化を誘いやすい。それはしかし、自由な同一化を行ううえでは、つまずきの石でしかないのです。

もうひとつの理由として、「攻×受」の関係性を純粋かつリバーシブルに展開するには、男性同士の組み合わせしかありえない、という点も重要です。これは一人の男性が、その身体的な構造上、「挿入する側」と「される側」をともに兼ねることができる、という意味でもあります。

ついでにいえば、いわゆる「腐女子」には、母親との葛藤を抱えた事例が多いような印象があります。いや、そうした趣味を持ってしまったこと、母親がそれを承認しないであろうこと、というふたつの条件だけでも、葛藤が継続するには十分過ぎるほどです。

男性に多い「恋愛教」

あるいはひきこもり事例についても同様です。ひきこもり男性は、自ら社会との関わりを拒絶しつつも、異性関係がないことや、異性との交際経験がないことへの劣等意識を抱き続けます。そう、彼らは自ら孤立を選び取ったかにみえて、異性との出会いを完全に断念することができずにいるのです。多くのひきこもり小説が、少女との関係をひきこもり脱出の契機として描くのは、けっして偶然ではありません。事実、そうした関係が社会参加へのきっかけになることも、まれではないのです。

一方ひきこもり女性についていえば、男性と同様に、異性関係が離脱のきっかけになる場合もありますが、それを「待望」している女性は、それほど多くはありません。彼女たちの多くは、性愛関係にあまり関心を示さず、むしろ嫌悪感や恐怖を訴えることも珍しくありません。

おたく女性やひきこもり女性の例で、私が何をいいたいのかといえば、男性に比べて女性のほうが、対幻想による一律の抑圧を免れている、ということです。ここでちょっと補足しておきますが、こういったからといって、私はなにも「女性のほうが男性よりも幻想に取り込まれにくい」とか「女性のほうが男性よりも現実的で醒めている」とかいいたいわけではありません。

たとえば、よしながふみ氏はしばしば「恋愛教」という言い方をします。この言葉については、ここでは先ほどふれた「対幻想」とほぼ同義に考えてください。若い男女であれば、誰しも「恋愛」を切望している、という幻想のことですね。私のみるところ、恋愛教信者はどちらかといえば男性のほうに多いように思います。

もちろん女性にも熱心な恋愛教信者はたくさんいますが、まったく入信していない人も多い。言い換えるなら女性のほうが「生きていくうえで異性は必ずしも必要ない」という覚悟を、あっさりと選び取れる、ということでもあります。男性のほとんどは、この覚悟を固めることができません。もちろん「すっぱいブドウ」タイプの否認はよくありますが。

その意味で、男性の去勢恐怖は女性の想像を絶するものがあるかもしれません。女性の性愛機能は決定的に失われることはありませんが（「閉経」は生殖機能のみの喪失で、性愛機能とは無関係です）、男性は去勢や不能によって性愛機能を喪失することがありえます。男性がそうした事態を何よりも怖れるとすれば、それはやはり現実の性愛関係に期するところがあるから、と考えるほかはありません。

いずれにせよ、女性のほうが「対幻想」の呪縛を受けにくいこととその理由については、以上の説明で十分かと思います。またそれゆえに、女性がヘテロセクシズムの制度に照らした「女性性」を嫌悪したり、違和感を覚えたりしやすいという事情についても、おおよそのところはわかっていただけたのではないでしょうか。

近代女性の自意識と性

ここまでは、女性性の成り立ちと女性嫌悪の普遍性について述べてきました。次に紹介するのは、近代化が女性嫌悪をもたらしたとする議論です。

江藤淳は『成熟と喪失』（河出書房新社、一九七五年）において、近代の女性にとっては、母であり女性であることは嫌悪の対象であると指摘しました。娘でありながら息子のように生きること（学歴における勝者たること、あるいは社会的に成功することなど）を強要される近代の呪縛が父親疎外を推し進め、恥ずかしい父を持つ母をも恥じる視線を獲得させるというのです。

彼女は男のように「家」を離れ、男のように「出発」したいのである。それはとりもなおさず女である自分に対する自己嫌悪にほかならない。私は前に、時子にとって「母」になることは老年に変貌することを意味した、といった。つまり彼女にとって「母」であり、「女」であることは嫌悪の対象である。

これが、「近代」が日本の女性に植えつけた一番奥深い感情だといえば、問題は一般化されすぎるかも知れない。ある意味では女であることを嫌悪する感情は、あらゆる近代産業社会に生きる女性に普遍的な感情だともいえる。

かくして娘たちは、自らの女性性を嫌悪するに至るのですが、その経緯はすでに大塚英志氏が指摘したように、少女まんがなどのサブカルチャーにおいて、よりはっきりと刻印されています。

ここまで述べてきたように、女性嫌悪の感覚というものは、女性身体への嫌悪感として、摂食障害をはじめとするさまざまな病理に結びついています。母―娘関係においても、こうした身体性は関与してくるでしょう。より具体的には、個人としては承認しつつも、女性身体を共有するがゆえに嫌悪する、といった形が考えられます。

もちろん私は、状況を過度に単純化しているのかもしれません。ただ、ここでは要するに、男性である息子に対する視線以上に、娘に対する視線には複雑な葛藤が含まれているということが理解されればいいでしょう。

この状況の背景について、もう少し詳しくみてみましょう。

まず一般論として、日本の家庭では、子供が思春期を迎えて以降の対応がきわめて不器用です。前思春期まではほぼ自然体で成立していた親子関係が、子供が思春期を迎えた時点で、一挙に困難なものとなります。その結果、思春期の子を持つ多くの家庭において、親は親を演ずるよりほかなくなっていきます。

なぜそのような事態が起こるのでしょうか。ひとつには「性」の問題があります。思春期とは、いうなれば子供が「性的主体」としての成熟を開始する時期でもあります。しかし、「性」は依然として親子関係におけるタブーの位置に留まるのです。もちろん性教育などの「情報伝達」はなされうるかもしれません。しかしそれは、必ずしも子供が性的主体として承認されることを意味しません。

この結果かどうか、とりわけ母―息子関係においては、思春期以降も前思春期的なモデルがそのまま採用されていることが多いという印象があります。

社会化の過程を精神分析的な意味で「去勢」と呼ぶならば、母―息子関係は、しばしば去勢を回避、ないし否認した状態に長い間留まります。ひきこもり家庭における母子密着状況は、そうした帰結のひとつですが、そこまでいかずとも、三十男をつかまえて「ちゃん」づけで呼んだり、他人に「うちの子」といったりする母親は、まったく珍しい存在ではありません。ここには間違いなく、わが子が性的存在として成熟しつつあることを否認したいという、母の欲望が関与しています。

成熟に伴う距離感

ひるがえって、この視点から母―娘関係をながめてみましょう。まず、娘が性的に成熟する過程は、男性以上にはっきりと認識されます。そう、それはいうまでもなく初潮を迎えることであり、これに伴い性教育も、男性以上にしっかりと母―娘間でなされます。男性では曖昧になりがちだった前思春期から思春期への移行が、女性では家族内でもはっきりと言語化され、共通の認識とされるのです。先ほどの言い方にならっていうなら、母―娘関係は、初潮の時点でほぼ確実に去勢され、別の関係性へと変質していくでしょう。

しかしそのことは、母子関係にあっては確実に「距離」として作用するでしょう。母親は、性的存在へと成熟しつつある娘に対して、その女性身体ゆえに嫌悪を覚えます。一方娘は、性的なもの全般への嫌悪に加えて、成熟の帰結としての母親をも嫌悪し、両者の関係性はいっそう複雑なものとなるでしょう。とりわけ近代以降、「息子」であるべき位置に置かれる「娘」の立場は、いっそうの困難を抱えずにはいられません。

母親から娘へと向けられた「無条件の承認」なるものは、その基底に性的存在としての女性身体を共有することからもたらされる親密さと嫌悪感を等分にはらんでおり、それが愛情を条件つきのものにすることもあります。ひきこもりや摂食障害事例の場合、表向きはその生活態度に対して寛大な姿勢を示しながらも、ふとしたことで罵声《ばせい》を浴びせるような対応に陥りがちな母親は少なくありません。

一方娘の側も、母親に全面的に依存しつつも、女性身体を通じて同一化をうながさずにはおかない母親を嫌悪し、その母親へと連なるほかはない、自らの身体をも嫌悪します。摂食障害やリストカットといった自傷行為は、そうした嫌悪にも一部起因するように思われます。

永田洋子の「転向」について

近代がもたらした女性嫌悪のひとつの帰結として、「永田洋子《ひろこ》」の場合をみてみましょう。

大塚英志氏は、連合赤軍の永田洋子を論じた一文において、江藤淳を援用しながら、彼女の「転向」の物語を、きわめて感動的に描き出しています。ここで大塚氏の論点をかいつまんで紹介しておきましょう。
大塚氏は、先に引用した江藤淳の一文を発展させて、次のように述べています。

永田は娘でありながら、「息子」のように生きねばならないという「自由」あるいは「呪縛」を与えられた「近代」で最初の女性たちの一人なのである。（中略）彼女たちは、父を恥じる母の視線を同性であるが故に複雑に背負い込む。そしてそういう「夫」を持った「母」をも恥じ、それは自分の中の「女性性」を嫌悪させる。（『「彼女たち」の連合赤軍』、文藝春秋、一九九六年）

しかし、永田洋子の場合は、さらに事情は複雑であるというのです。

永田は自分の女性性を嫌悪しながら、同時にその退路（あるいは、その代償としての八〇年代消費社会的な快楽）をも断っているのである。（前掲書）

永田洋子は、二重に自らの女性性を否定する（される？）一方で、それを全面肯定する言葉を強く求め続けていました。大塚氏はこのような永田が獄中で描いた、意外にも「かわいい」、「乙女ちっく」なイラストに注目します。
永田は獄中で、当初は花の細密画などを描いていました。拘置所内部のスケッチには政治的な意図もあったように永田の手記には書かれていますが、大塚氏はそれを「照れ隠し」であると看破します。その後の永田は、浮世絵、ついで大和和紀《わき》氏の少女まんがの模写を通じて、「乙女ちっく」なイラストを描きはじめますが、大塚氏はこの過程に注目します。これこそが、男性（＝近代あるいは左翼的思想）の言葉による肯定を求め、それに挫折し続けた彼女が最終的にたどりついた、はかなくも肯定的な自己イメージによる救済なのではなかったか、と。

女性であることの困難

近代以降の母娘関係には、ここで素描されたような「近代において『女性』であることの困難さ」が、色濃く影を落としています。先に述べたようなダブルバインディングな母子密着に加えて、母—娘関係にあっては、「愛」と「承認」が必ずしも一致しない、という問題が加味されるためです。政治的闘争の中で女性性を暴力的に否認するほかはなかった永田洋子が、獄中で描いたイラストにおいて、はからずも女性性へ回帰していくという構図は、先に引用したフロイトによる、女性のエディプス・コンプレックスは一生涯続くという指摘を連想させます。もちろんミクロのレベルでは、男性も一生涯エディプス・コンプレックスを反復すると私は考えています。しかし、その構図は女性にあって、時として男性以上に顕在化しやすいのではないでしょうか。これはとりもなおさず、女性身体の特異性に関わる問題でもあります。そう、永田が試みたのは、少女の身体をイラストとして描くことであって、少女の物語を記述することではありませんでした。この一点をもって、彼女が求めていたものが、身体を通じての女性性の肯定であったと考えるのはゆき過ぎでしょうか。

先述したように、母子関係は、あるいは女性個人は、初潮を迎えることによって、ある種の「去勢」を経験するでしょう。その意味では、月経は反復される去勢ととらえることもできます。要するに、女性の場合は、自らの女性身体がつねに去勢の契機となり、それが同時に母親嫌悪とも結びつくのではないでしょうか。

そういえば臨床場面においても、母親との葛藤が強い事例ほど、月経困難（気分変調なども含む）を伴いやすいような印象もあります。器質的要因を欠いた月経困難症には、去勢否認の症状という側面もあるのかもしれません。

母―娘関係におけるダブルバインドは、それが強い去勢の契機として作用するがゆえに、最終的には徹底した分離か、もしくは徹底した密着に帰結するほかはないのかもしれません。ひきこもり事例に限定していえば、この種の「密着」は暴力を含む激しい攻撃性と結びつきやすい。それゆえここでの「密着」もまた、「去勢否認」の身振りにほかならないのでしょう。

2　「母性」の強迫

「母性」とは何か

前節では近代における「女性であることの困難」をみてきましたが、それはそのまま「母親であることの困難」と重なります。そこで、ここからしばらくは、近代における「母性」のありようについて考えてみたいと思います。

果たして母性とはいかなるものでしょうか。あるいは、いわゆる「母性本能」なるものは、本当に存在すると考えるべきなのでしょうか。

私はラカン派の精神分析に依拠していますが、この立場は一切の「本能」を認めません。本能とは、遺伝子のレベルでプリセットされた行動のパターンのことです。ミツバチのダンスや、サケの遡上などは、特に経験や学習を経ていなくてもなされる行動といわれています。こういう生得的な行動を本能行動といいます。

人間の場合、この言葉が最もよく使われるのは、やはり「母性本能」の場合でしょう。これは動物のメスにみられる、幼い子供を養育するため、あるいは保護するためにとられる自動的な行動パターンを指す言葉です。果たして人間にも、同様の行動パターンが存在するのでしょうか。

人の母性本能については、フランスの思想史家であるエリザベート・バダンテールによる、徹底した批判が知られています。

母性愛は本能であろうか。それとも時代が生み出した観念に過ぎないのだろうか。子どもに対する母親の態度の変遷をたどってみると、奇妙な事実につきあたる。一八世紀、パリで毎年生まれる二一、〇〇〇人の子どものうち、母親の手で育てられるのはたったの一、〇〇〇人、ほかの一、〇〇〇人が住み込みの乳母に委され、残りすべては里子に出される。そして多くの子は母親に一度も会うこともなく死んでいく。このように一七世紀にあらわれ、一八世紀に一般化した子捨てとも言える母性愛の欠如が、一九、二〇世紀には献身と自己犠牲という母親の態度に変化していく。このように存在したり存在しなかったりする愛、プラスになったり、マイナスになったり、ゼロにもなったりする母性愛を、本能と呼べるだろうか。過去四世紀をたどってみると、子どもに対する母親の献身を唱えたルソーから、母親だけが子どもの中心人物と見なしたフロイトまで一五〇年間、奇妙に似かよった女のイメージを作り上げるのに貢献してきたのが分かる。自分のすべてを表出したいと考える女たちが増えている現代、母性愛は父性愛と同じく、本能ではなく、他の愛や憎しみと同じく、付け加わった愛（プラス・ラブ）というべきかも知れない。（エリザベート・バダンテール『プラス・ラブ――母性本能という神話の終焉』サンリオ、一九八一年）

もちろん、このような統計データが事実であったとして、それがただちに母性本能の否定につながるものかどうかは、まったく疑問なしとはしません。たとえばこの一文に対する反論としては、次のようなものがありうるでしょう。このデータからは、母性本能が社会文化的に構成されたものであるといいうるのと同程度、母性本能の抑圧もまた社会文化的になされうるという結論が導き出せる、と。

母性本能への懐疑

人間の心性を統計データから構成しようとすれば、それは「経済人　ホモ・エコノミクス（アダム・スミス）」のような、誰の共感も呼ばないようなのっぺらぼうなものになりがちです。ちなみに経済人とは、経済学における人間モデルのことで、そこでは人間は、自己利益のみにもとづいて行動する徹底して合理的な存在と仮定されます。そう仮定したほうが経済学的には好都合だからですが、このモデルをみて、まさに自分のことが書いてある、と思う人はあまりいないでしょう。

それゆえ母性本能を認めるか否かは、きわめて政治的な問題とならざるをえません。この言葉がフェミニストから徹底批判されるのは、それが一種の本質論として、女性を抑圧する論理として使われてきたためでしょう。

精神分析の立場もまた、こうした本能行動とは手を切ったところから出発します。そもそも精神分析とは、遺伝子や脳ともできるだけ距離を置いて「人間」を考える立場のことですから、これは当然のことです。

こうした懐疑を先どりするのもサブカルチャーの役目です。永井豪氏の短編漫画『ススムちゃん大ショック』（『永井豪傑作選3』朝日ソノラマ、一九七四年）は、ある日突然、大人たちが子供を殺しはじめるというショッキングなストーリーの名作です。母親が子供を殴り殺し、警官が子供に銃口を向け、学校からは教師が生徒を殺害する阿鼻《あび》叫喚《きようかん》が聞こえてきます。

なんとか大人の殺戮《さつりく》から逃げ延びようとする子供たちグループが、なぜこんなことになったのか話しあうシーンが印象的です。いかにも成績優秀そうなメガネの少年は、人間には母性本能があるはずだと主張するのですが、別の少年がそれに反論します。誰かそんな本能をみたやつがいるのか、本当はそんなもの、最初からなかったかもしれないじゃないか、と。それでもママを信じようとするススム少年は家に帰るのですが、母親はなんのためらいもなく、笑顔でススムの首に包丁を振り下ろします。

この作品から受けるショックの度合いは、その人が母性本能という幻想にどれほど寄りかかっているかによって異なるでしょう。私自身、この漫画を読んだのは二十年以上も昔のことですが、ほとんどトラウマのような体験でした。そのせいか、重要なシーンやストーリーを今でもありありと覚えています。

母性本能を無条件に信じたいのは子供たち自身です。圧倒的に弱い存在である子供は、血縁の絶対性と、母親による無償の愛への揺るぎない信頼なくしては、心の平安が得られません。私の経験では、この種の母性への信頼は、女性よりも男性のほうがはるかに強い。マザコンの多いこの国ならではの現象、でしょうか。女性は男性に比べれば、早くから母性への懐疑を抱きはじめるようです。

実はこうした「母性」のイメージは、それほど古いものではありません。

先ほどふれたバダンテールによれば、一八世紀のフランスの思想家ジャン＝ジャック・ルソーが、近代以降の「母性」イメージを作るうえで、大きな役割を果たしたとのことです。「人間の最初の教育は女の世話にかかっている」(『エミール』岩波文庫、一九六二年)とするルソーは、母親のエゴイズムを徹底批判し、教育としつけの責任は全面的に母親のものであるとしました。

理想の母親像の本質は献身、マゾヒズム、受動性にあり、子育てに専念しないような母親や、母親になることを拒否するような女性はその存在そのものが否定されました。すべての母親に、子供のための完全な献身を求めたルソーは、結果的に多くの女性の心に罪悪感を植えつけたのです。

あるいはここにも、近代化が母性嫌悪を通じて女性嫌悪をもたらす契機をみてとることができるかもしれません(バダンテールは、これに続けてフロイトも批判しているのですが、こちらについてはいささか図式的なフロイト理解という印象もあって私は同意できません。むしろフロイト=ラカンの理論的枠組みにおいてはじめて、「母性本能」が否定されえたという事実を、もう一度強調しておきましょう)。

母の側からみた母娘関係

さて、ここまでお読みになった方はすでにお気づきのように、母娘関係の問題は、どうしても娘の側から描かれてしまいがちです。関係性の問題に近づくためには、その両側から接近することが理想ではありますが、それはなかなか容易なことではありません。また、一般的にもこの問題は、つねに非対称的であるようにみえます。

そう、うんと極端にいえば、母親=加害者、娘=被害者という図式にみえてしまうのです。そこに問題があるとして、それがほとんどつねに被害者の側から告発されるのは自然なことでしょう。娘は母親の支配に悩まされますが、母親は娘を支配してしまうことについてしばしば無自覚です。それゆえ、この問題は娘の側からしかみえないようにすら思えます。

そもそも「私はお前を生んだ」という意識と、「私はあなたから生まれた」という意識とは、いかなる意味でも対等ではありません。前者はあたかも身体感覚的に自明なこと（お腹を痛めた子！）であるかのように宣言されますが、後者は必ずしも、そうはいかないからです。「私はお母さんから生まれた」という自覚は、感覚的に自明のものではありません。

自分が母から生まれた子であることは確実に知りうるが、父の子かどうかはつねに曖昧である。そのようにいう人もいますが、子供の側からみれば、実際には大差ありません。子供にとって、父であるか母であるかは、ただそう信じ込まされている事実に過ぎず、確実な証拠などありません。「この人が母である」という確信は、「私（母）がお前を生んだ」と言い聞かせられ続けなければ、生じようがないでしょう。そう、この意味で母娘関係を受け入れるということは、こうした非対称性を受け入れることを通じて、支配—被支配の関係を受け入れることにも通ずるのです。

それは母息子関係でも同様ではないかという指摘はありうるでしょう。しかし、必ずしもそうではありません。息子はいつでも、母親を支配する立場に立つことができるからです。つまり息子は「生ませる性」として、母親に自分の子供を生ませるという不穏な可能性をつねに持っています。娘にはこのような、関係性を反転させる可能性はありません。できるのはせいぜい、「反抗」するか、

「出立」することだけです。

もちろんひきこもりの事例などで、娘が母親を暴力的に支配しているようにみえるケースはいくらでもあります。しかし細かくみていくと、その支配は多くの逆説をはらんでいます。たとえば幼児的に退行して、母親になんでもいうことを聞かせようとするケース。このケースはしかし、依存関係を強化することで、自分に対する母親の立場の強さを認めてしまっているのです。

息子の場合にも同様の関係はありえますが、しかし息子は、これとは異なった形で、つまり退行することなしに、母親を支配することがあります。しかし娘にはそれができません。それゆえ娘が、本当に母親に「復讐」しようと思ったら、自分が母親の立場に立って、自分の娘を同じように支配するしかないのです。かくして、支配の連鎖は続いていきます。

しかし、当たり前のことですが、すべての母親は誰かの娘でもあります。ここで私の関心を引き付けてやまないのは、娘を生むという体験が、母親にとってはどのような体験であるのか、という謎です。

娘を生むという体験

これについては、ハリエット・レーナー『女性が母親になるとき』(誠信書房、二〇〇一年)が、著者自身の経験にもとづいた、精緻な分析を試みています。

彼女は子育てを専門とする心理学者として、「母親になること」が理論的にどのような意味を持つかを十分に理解していました。しかし、その彼女にして、ついにこう断言せずにはいられなくなるのです。

私たちは、子どもをもってみるまで、わが子が自分のなかにどんなことを引き起こすのか、知ることはできないのです。

実際に子育てを経験したレーナーが悩まされたのは、「コントロール」の問題でした。そう、母娘関係における問題の多くは、「コントロール」をめぐって生じてきます。わが子に対して、いったいどこまで、コントロールを及ぼしうるのか。この一点をめぐって、母親たちは、実にさまざまな葛藤を経験するのです。レーナーはいいます。

「母親が感じる痛みや悲しみの大半は、私たちが自分の子供をコントロールすべきだという信念から生まれる」と。

にもかかわらず、妊娠と出産は、最終的にコントロール不可能な出来事です。「子供を持つということに対し、完全に合理的な判断をくだすことはできません。おそらく女性は、赤ん坊を一度ならず、あらゆる種類の非合理と無意識的な理由で生みます」、それゆえ「妊娠はやはり屈服と傷つきやすさを学ぶレッスンというほかはない」ということになるのです。

そもそもの発端が、このようにコントロール不可能な現実であるということ。そして、この現実が、多くの女性をひとつの恐怖に向かわせます。そう「自分の母親みたいになるのが怖い」という恐怖に。この恐怖のひとつのピークは、おそらく自分も母となるこの体験、妊娠と出産においてきわまるでしょう。コントロールの不可能性は、自分が母親に似てしまう可能性があったとしても、それを避けたり遠ざけたりすることすら難しいことをも意味しています。

ひょっとすると、この恐怖があまりにも強いために、多くの女性はついうっかり「母親」を反復してしまうのかもしれません。出産体験をきっかけに、母の正しさを繰り返し確認すること。「子を持って知る親の恩」とは、あるいはこのような反復に対する言葉だったのでしょうか。

母子の情緒的つながり

レーナーは、ある雑誌の企画で、女性の人生における変容の瞬間や劇的なターニング・ポイントは何かという文章を依頼されました。思い悩んだ挙句に、彼女が思い出したただひとつの瞬間は、次のようなものでした。生まれたばかりのわが子を抱いて、病院を退院し、家に戻った日のことです。

私の人生が本当に変容した瞬間は、マシューを腕に抱き、スティーブに付き添われて病院のドアという敷居をまたぎ、外の世界に踏み出したときでした。（前掲書）

これに続いて描かれるのは、レーナー自身がいかに無力で無知であり、見当違いの努力をはじめようとしていたか、というエピソードです。彼女は状況をコントロールするどころか、病院のスタッフや経験豊富な友人たちの助言なくしては、何ひとつできませんでした。

レーナーがコントロールを強調するのは、このような事実にもかかわらず、多くの場合、母親が家族のコントロールに一〇〇パーセントの責任を負っていると周囲からもみられ、また自分もそのように信じ込んでいるからです。

レーナー自身は、自分の息子の発育の遅れに強い責任を感じていたと述べています。少なくとも多くの母親にとって、この感覚は合理的な知性すらも圧倒してしまうほど強力であるようです。なぜでしょうか。それは知性の問題ではなく、情緒の問題であるからです。

母親と子供のつながりは、すぐれて情緒的なものであり、もちろん身体的なものでもあります。レーナーのもとを訪ねた母親たちは育児にまつわる身体的・情緒的な体験をあけすけに語ります。

女性たちは、出産後どんなふうに夫とセックスするのをやめたか、また子どもを一人か二人育てた後は、どんなふうにバストがふにゃふにゃになり、そしてほとんどすっかりなくなったか、という話をしています。聞こえてくるのは、抑えようのない怒り、麻痺とたいくつ、あふれるような愛と優しさ、といった乳児が引き起こす強烈な感情についてです。母親たちは私に、赤ん坊がどうしても泣きやまないとき、窓からその子を投げ捨てたいと思ったと語り、またその同じ母親たちが、もし何か本当に悪いことが自分の赤ん坊に起こったら、とても生きてはいけないと考えた、と言います。聞こえてくるのは、守ろうとする凄まじい思い、つまり母親たちがわが子の健康と安全を保つことに対して抱く強烈な感情と、それができないとわかったときの耐えがたい苦痛です。(前掲書)

これほどまでに情緒的に巻き込まれる経験は、間違いなく母子関係を特別なものに変えずにはおかないでしょう。このような関係性の中で育まれてしまった責任感について、外から部外者がとやかくいうのもおこがましいような気すらしてきます。

息子の発育の遅れについて、レーナーは不安という情緒で反応し、楽観的であまり心配をしようとしない夫と対立します。彼女からみれば、夫はつねに自分の感情を切り離し、心配すべき事態にも情緒的な反応を示そうとしません。もっともそれは、彼女自身が認めているように、彼女が「過分に感情を表現することによって、スティーブ(夫)が感情のこもらないスタンスを維持するのを助けていたのです」。

無限の責任感

このようにして多くの母親は、子育ての過程において「情緒的反応者」の役割を担うようになっていきます。出産直後からフルタイムの仕事に復帰した夫に比べ、彼女はずっと多くの時間を息子と過ごすことになったからです。このことがいっそう、彼女の過剰な責任感を刺激します。

> 本当に責任があるのは私ではないとわかるくらいの分別はもっていましたが、妊娠中にはがれてしまったのは私の胎盤であり、信用に足らないとわかったのは、私のからだだったのです。（中略）母親とはすぐ何にでも責任を感じるもので、私たちはいつも自分を疑わしく思っているのです。何年も後に話していて、驚いたのですが、私自身の母親もマシュー（レーナーの息子）の発達の遅れに責任を感じており、最初の一年、黙って自分を責めていたことを知りました（妊娠中に飛行機に乗って母親を訪ねるよう誘ったため）。（前掲書）

ここまで読んでくればおわかりの通り、妊娠中に起こるさまざまな出来事のひとつひとつが、母親の意識を決定づけていきます。このような過剰な責任感は、あきらかに母親をとりまく政治的な状況からもたらされたものでしょう。こうした経験を重ねながら、多くの母親は、自分が「まったく無力だと感じているのに、それでも全能のように思われる」という矛盾の中で宙吊りになります。このため、どんなにそれが不合理であると頭では理解していても、自分がつねに結果をコントロールしているという考えに、いつの間にかひきずられてしまうのです。

ここで、けっして忘れられるべきでないことは、私たち自身がこうした母親たちの過剰な責任感をあおってきてしまったという事実です。

先にふれたような「悪い母親理論」や「三歳児神話」など、誰よりもまず私たち自身が「母親＝犯人」説の信奉者です。レーナー自身、妊娠中に読んだ雑誌に書かれていた精神科医の発言にショックを受けます。彼はこういったというのです。

「お腹の赤ん坊は、母親にのぞまれないと子宮の中で本当に自殺します」と。

どんな場合でも母親を犯人にすることは、父親よりもはるかに容易なことです。なぜなら彼女たちは、専門家によって断罪されるまでもなく、すでに頭をうなだれて、頸《くび》を差し出しているからです。彼女は私たちからの非難に対して、一言も口答えをしないでしょう。むしろ自ら進んで、自分の罪を数え上げてくれるでしょう。これほどおあつらえむきの「犯人」を、私たちはほかにみつけることができません。

ひきこもりの臨床現場は、そうした母親が満ちあふれているといっても過言ではありません。責任感、もしくは罪悪感の強過ぎる母親と、ひたすら逃げ腰の父親という組み合わせは、ここでも圧倒的な主流です。中には母親に対して激しい暴力を振るう子供もたくさんいるのですが、母親たちは彼らをけっして見放したり、家から追い出したりすることはしません。

連日のように殴られ、蹴られて生傷がたえなくても、ひたすらかばい続け、抱え続けるのです。そうした忍耐がすべて愛情ゆえだとは、私には思われません。そこにはあきらかに、子供の人格に対する責任感と、コントロール幻想が潜んでいるはずです。前にも述べた通り、この傾向は、息子に対するよりは娘に対するほうが強いものになりがちのように思います。

近年大流行の兆しをみせている「発達障害」という診断について、私がおおっぴらにその過剰ぶりを指摘することをためらう理由は、まさにこの診断によって、多くの母親が免責され解放されたという事実があるからです。つねに子供のあらゆることに対して責任を感じ過ぎる母親たちが、十字架の重みで押しつぶされないようにするためにも、あまりこのことをいうわけにはいきません。これは政治的判断に過ぎませんが、そもそも母娘関係が、すでに大量の「政治的なもの」をはらんでいる以上、これはしかたのないことでしょう。

レーナーの著作には、ほかにも示唆に富む指摘が多く含まれていますが、母娘関係についていえば、この「無限の有責性」に関するものが最も重要であるように思います。おそらくこれが、父―息子関係との対比において、最も異なるところでしょう。母親が娘を支配するのは、単なる権力欲ゆえではありません。少なくともその出発点にあっては、娘の問題に関する無限の責任感があるのです。

この種の責任感は、子供が長じてからは期待感へと変質することが多いようです。おそらく母親がすべての起源＝過去であるという意識は、娘がすべての希望＝未来である意識へとあっさり反転してしまうのです。そう、支配的な母親の意識を構成するのは、しばしば度を越した責任感と、それと同じくらい度を越した期待感なのかもしれません。

嫁姑関係にみる「転移」

ところで、私の妻は皮膚科医ですが、日頃多くの患者さんに接する中で、あることに気づいた、といいます。嫁姑の不和は世間にありふれた問題ですが、たまたまうまくいっている嫁姑関係をみているど、どうも実の娘のいない姑との関係のほうがうまくいきやすいような気がする、ということでした。

もちろん、これがどの程度一般化できる法則であるかはわかりません。娘がいる場合は小姑問題が絡んで複雑化しやすい、とか、一人息子と結婚するとライバル関係になってこじれやすい、などの問題はあります。しかし、そうした点を割り引いても、これは興味深い視点であるように思います。

なぜなら、ここには「転移」の問題が絡んでくるからです。

人間は誰でも、経験を重ねれば賢くなれると思われています。しかし、場合によっては、経験があるがゆえに、何度も同じ間違いを繰り返す、といったことも起こります。

たとえば虐待の連鎖という言葉があります。虐待を受けた経験を持つ親は、自分の子に対しても虐待をするという意味ですね。あまりにも法則みたいにいわれ過ぎていますし、いくらでも例外はあると思うのですが、こういう言葉がぴったりあてはまる事例が多いのも事実です。

虐待は極端な例ですが、これに近いことは、人間関係の中でいくらでも起こります。とりわけ親子関係のゆがみは、形を変えて、その人の人生で何度も再演されるものです。この再演をうながすメカニズムのことを「転移」と呼びます。

「転移」という精神分析の用語についてはさまざまな考え方がありますが、ここでは最も一般的でわかりやすい解説を述べておきましょう。それは、過去の人間関係を、相手を変えて再現することである、と。たとえばある女性の好きになった男性が年上で、自分を保護しリードしてくれるようなタイプであった場合、彼女はその男性に父親転移をしている、ということがよくあります。あるいは女性が、教師や自分の治療者に恋愛感情を抱くような場合も、この父親転移と考えると理解しやすくなる場合があります。

もちろん同様のことは男性にも起こるわけで、よくいわれることですが、男性の場合は、看護師や妻に対して母親を求める傾向がありますね。こちらはもちろん母親転移と呼ばれます。

先ほどの妻の話を聞いて、私が気づいたのは、転移の問題というのは、何も子供にばかり起こるものではないのかもしれない、ということでした。

子供が親との関係を転移という形で繰り返すとすれば、それは親子関係がはじめての人間関係だからでしょう。ならば母親にとって、自分の娘との関係もはじめての関係といいうるはずです。それが転移の原因となりえたとしても、不思議ではありません。

あるいは嫁姑関係がこじれやすい一因は、姑の側が嫁に対して、娘との葛藤を投影しようとするためではないでしょうか。嫁の側もそのような対応に対して、陰性の母親転移によって対抗しますから、関係性はいっそうこじれていくのかもしれません。そのように考えていくと、すべてとはいわないまでも、ある種の嫁姑関係というものは、母娘関係のリターンマッチのような性質を帯びているとはいえないでしょうか。

ほどよい母親であることの難しさ

嫁姑の問題が転移によるものであるとしたら、これも母娘関係の難しさの間接的な反映といえるでしょう。それはいってみれば、ほどよい関係の難しさであるとも考えられます。

さて、もちろんレーナーは、思春期以降の母娘関係についても述べています。

ここでの主張を要約するなら、娘が母親から受ける影響には、ほとんど決定的なものがある、ということになりましょうか。

彼女がいくつかの高校で試みた調査の結果、娘たちが自分の母親に対して感じていることは、以下のようなものでした。

母親の態度はしばしば両極端でした。娘をかまい過ぎるか、よそよそしく放置するか。また厳格過ぎるか、友達のようであり過ぎるか。何も教えないか、なんでも教え過ぎるか。期待をしないか、条件つきの愛情か。共感的でないか、一心同体的か。

この結果は、母親たちが娘に対して、いかにほどよい姿勢を保つことが難しいか、を示しています。それゆえ母親にとって重要なのは、娘たちに次のように訊ねてみることです。「もしあなたがお母さんだったら、私と同じどんなことをする？　私と違うどんなことをする？」。あるいは、自分自身と母親との関係について考えてみることが重要であるともいいます。あなたが母親を敬遠するだけなら、娘からもそうされる可能性が高いからです。

さて、それでも完璧な母親など、どこにも存在しません。「ほとんどすべての娘は、ある時点で母親に対して失望を感じます。それは、子育てにつきものの、不可能で、消耗させられる期待に応えられる人など誰もいないからです」と彼女はいいます。ならば、どうするのがよいか。レーナーは次のようにいいます。「母親が娘に与えられる一つの素晴らしい贈り物は、できる限り自分自身の人生を生きることです。それは同様に、息子や自分自身に対する贈り物でもあるのです」。

なるほど、これはもっともな、非のうちどころのない助言です。しかし、こうした言葉には、私はどこか欺瞞《ぎまん》的なものを感じてしまうのも事実です。母娘関係の難しさは、しばしば母親が娘に対して過剰に同一化するところから生じます。ある種の母親にとっては、娘を支配することこそが「自分自身の人生」としか思えない、ということもあるでしょう。

これは揚げ足をとっているのではなく、おそらくそうしたケースが多いであろうこと、そう考える母親に対して、いったい誰が「それは真の意味での『自分自身の人生』ではない」、などと指摘できるだろうか、と感ずるからです。

第四章

身体の共有から意識の共有へ

1　身体でつながる母と娘

娘の肉体への欲望

さて、ここまでの章を読むだけでも、すでに「母殺し」の難しさは十分に理解されたことでしょう。本章では、これまでの議論をふまえながら、「母殺し」の不可能性について、「身体」という視点から検討してみたいと思います。

まず最初に、楳図かずお氏の傑作『洗礼』を紹介しておきましょう。

これは本書に引用する母娘関係を扱ったさまざまな作品中、唯一男性の手になる作品です。母と娘が身体でつながっていることのグロテスクな戯画化として、これほど成功している作品を、私はほかに知りません。何ゆえに男性作家が、母娘関係の闇をここまで描きえたか、と不可解に思う一方で、このような形での身体性への注目は、むしろ男性作家ゆえのものとも考えられます。

永遠の聖美女と呼ばれる女優・若草いずみは、年齢とともに自分の美貌が衰えていくことに恐怖を感じていました。とりわけ額に浮き出した醜いあざの存在は彼女を狂わんばかりに悩ませていました。やがて恐怖の解決策として、彼女はある手段を思いつきました。ゆきずりの男性との間に娘を生み、自分そっくりに育った娘・さくらに自分の脳を移植して、さくらの肉体を乗っ取ってしまおう、というものです。

このとんでもないアイディアは、さくらが成長して脳の移植が可能な頭の大きさになるのを待って実施されます。移植は成功し、さくらの身体を手に入れたいずみは、周囲から怪しまれないようにさくらの癖を覚え、再び小学校に通いはじめます。

やがていずみは、理想の男性と目を付けたさくらの担任教師を籠絡すべく、さまざまな悪知恵を発揮して級友をいためつけ、一時は教師の妻をも家から追い出してしまいます。可憐な小学生の身体にやどる邪悪な知性というギャップが、本作品の最大の魅力でもあるのですが、これに続く驚愕のラストについては、さすがにここでふれることはできません。

ただし、このラストには、期せずして母娘関係にまつわる重大なテーマが隠されています。それは、娘を支配したいという母親の欲望は、つきつめれば娘の身体を乗っ取りたい、という欲望であるかもしれない、という示唆です。さらにいえば、母娘関係においては、肉体の共有は意識の共有に等しい、という命題です。

関係性と身体性

唐突に響くかもしれませんが、一般に「人間関係」は、身体を抜きに考えることはできません。「関係する」の一言で肉体関係を示すことができるのは偶然ではありません。もちろんこれは私の直感であって、証明や検証に耐える根拠は示しにくい。むしろインターネットの発達した現代にあっては、至るところに身体性抜きの人間関係が成立しているようにすら思えます。しかし私には、むしろそうした「擬似的」関係性が乱立してみてはじめて、関係性における身体の重要さがきわだつように思われるのです。

ここで私のいう「身体性」を、直接会うことの「生身性」や「現前性」と言い換えても構いません。身体が目の前に現前することこそが、関係性の要件です。ぎりぎり妥協して、ここは身体イメージでもよしとしましょう。言い換えるなら、なんらかの身体性を介在させない、純粋に心と心の関係、などというものは存在しません。

たとえ手紙やメールだけの関係であっても、関係性はつねに身体性を要求します。それはたとえば、相手の写真や、なんらかのイメージであっても構いません。SNS（ソーシャル・ネットワーキング・サービスの略。人と人とのつながりをサポートするコミュニティ型のウェブサイト）やブログといった仮想空間でなされるコミュニケーションについて考えてみましょう。私たちはそんな場合ですら、身体を代理してくれる「アバター」（ウェブ上で用いられる自分の分身としてのキャラクター）というイメージを必要としています。

アバターの存在そのものは、本人と似ているかどうかすら定かではありません。それでも私たちは、コミュニケーションの文脈に出現する「身体」に、反応しないわけにはゆかないのです。

関係における身体の必要性を、性愛の方向につきつめるなら、そこにはつねに男女の非対称性が見出されるでしょう。そう、男性は能動性を、女性は受動性を、まずは強いられることになります。生殖器の構造という要因が、関係性のありようまでも決定づけます。ヘテロなカップルの場合、関係性は、この身体的な非対称性にもとづいて成立することになるでしょう。

もちろんこうした非対称性は、無意識の前提であり、コミュニケーションのレベルではいくらでも反転されることになります。ここで重要なのは、たとえ二重三重に反転されようと、非対称性そのものの形式は最後まで温存される、ということです。単純にいえば、女性が能動的役割を引き受け、男性が受動的役割に回ったところで、非対称性そのものはびくともしない、ということです。

「父殺し」のシンプルさ

ならば、同性間の関係ではどうでしょうか。

父と息子。母と娘。両者の間には、しばしば権力闘争があります。支配―被支配をめぐる争いがあります。彼らの闘争は同質のものでしょうか。もちろん、そうではありません。彼らは「戦う」という一点のみは共通していながら、戦いの方法論も求める戦果もまったく異なっているかにみえるのです。どういうことでしょうか。

父と息子の戦いは、かなり単純でわかりやすいものです。それは支配と服従をめぐる争いです。父は息子を支配しようとし、息子は服従すまいとします。この戦いは、きわめて観念的かつ直線的になされます。正面からぶつかりあって、押し負けたほうが敗者となるわけですから。

もっとも、ここにも一種の非対称性はあります。父が息子を支配し続けることはあっても、息子が父を支配し続けることは起こりにくいのです。敗者となった父親はそのままうち捨てられて終わりです。これがいわゆる「父殺し」ですね。

そう、「父殺し」という言葉が象徴しているように、この関係性は支配されるか「殺す」かという、シンプルな決着に至りやすい点でも母娘関係とは大きく異なっています。

これに対して母娘関係は、けっして正面からは対立しません。むしろ表向きには、いかなる対立もみえないということすらありうるでしょう。しかしそれだけに、その支配関係のありようは、いっそう深い部分に浸透し、内側から相手をその自覚なしに支配することになります。つまりそれが「彼女たち」の流儀なのです。

こうした機微は、いわゆる「体験談」からはむしろみえにくいものです。第一章で紹介したような事例は、むしろ支配関係が露骨に表現されたケースであって、この種の隠微な「コミュニケーションの地獄」は、むしろフィクションの形式に濃縮することで目に見えるものになりやすいのではないでしょうか。

骨がらみの支配

角田光代氏の短編集『マザコン』(集英社、二〇〇七年)には、母と娘の特別な戦いのありようが、ありえないほど生々しく描かれています。もともと角田作品には、『空中庭園』や『八日目の蟬』など、母娘関係を扱ったさまざまな傑作があるのですが、とりわけ『マザコン』には、本書のテーマを絵解きしてくれるかのような作品がいくつも収められています。この短編集から母娘関係に絡む作品をふたつ、取り上げてみましょう。

まずは「パセリと温泉」です。

主人公の娘は、突然病院から呼び出されます。胃癌の手術で入院中だった母親が、おかしなことを言い出した、というのです。何をいわれても曖昧な返事しかできない父親を家に残し、娘は病院に駆け付けます。病室に入ってみると、母親は自分が今温泉に来ていると思い込んでいて、あれほど嫌っていた父の妹に招待されたと喜んでいる様子です。

娘は病院のレストランでサンドイッチを注文し、添えられていたパセリを無意識に残して、それがかつて母にしつけられた癖だったことに気づきます。母はレストランのパセリをほかの客に出したものの使い回しだとかたくなに信じていて、娘にもけっしてそれを食べないように教えさとしてきました。

もともと母親は万事につけて被害的で、自分の不幸をすべて、誰かの悪意のせいにするところがありました。しかし、そういう教え自体が、すべて母親の思い込みや妄想ではなかったでしょうか。術後の混濁した意識の中で、母親はむしろ「まとも」になっているのではないでしょうか？

当の娘自身が、自分が結婚できなかったことや友人がいないことを、すべて母親のせいにしてきました。しかし、そのような「誰かのせいにする」考え方そのものが、母と瓜二つなのではないか？　娘は母親による骨がらみの支配を知って、愕然とします。

この短編は、母による娘の支配が、父と息子の単純な支配—被支配関係よりも、はるかに入り組んでいることを示しています。母による支配は、母への反抗や批判を許さない、という単純素朴なものではありません。

むしろその支配は、反抗や反発の身振りそのものをも支配してしまうような、根の深いものです。戦おうにも、戦い方すら相手に教わった通りでは、真に相手を打ち負かすことはできません。母による支配とは、このように、二重にも三重にも入り組んだ形で、しかも無意識になされます。このような支配とは、まともに向きあっても勝ち目はありません。残された方法は、その場から逃げ出すこと、家を出ていくこと、さらには別の場所で母になること、しかないのです。

徹底した同一化による復讐

ここでもうひとつの短編「ふたり暮らし」に目を転じてみましょう。

ここに描かれているのは、ある種の復讐です。しかし私は、いまだかつて、こんなにも寂しい復讐譚を読んだことがありません。

こちらの物語に描かれるのは、互いに「ノブちゃん」「クーちゃん」と呼び合う、三八歳の娘と七〇歳の母親の関係です。二人の関係性は、細やかな共感によって結びつけられています。買いものの後の「いいこと」が起きそうな感じ、プレゼントの箱のリボン、新品の本の臭いなど、「男の人にはわからない」これらの感覚を、母と娘は共有しあっています。

二人の間には、隠し事は何もありません。そう、娘は母親の前で、買ったばかりの下着を身につけて見せさえするのです。一緒に買いものをする二人を見たら、いわゆる「一卵性母娘」にみえるかもしれません。

娘には、妹が一人います。妹は姉と正反対の人生を送りました。日記や手紙をチェックし、男の子からの電話も取り次がず、進路についても干渉してくる母親に反発して、家を出ていったのです。妹は母に逆らって早く結婚し、子供たちも放任で育てました。妹は母と同居して素直に支配されている姉を心配します。

しかし姉からすれば、そんな妹の態度がおかしくてしかたがない。なぜなら妹がしていることは、ことごとく母の逆をいくことです。それでは裏返しで母親に支配されているだけです。姉はさらにその逆をいきます。つまり自ら進んで、母親と同一化しようとするのです。

彼女にはかつて、結婚寸前までいった相手がいました。しかし直前になって「指輪が安っぽい」「会食での相手の両親の態度が気に入らない」などと母親が反対して、その話は流れてしまったのでした。はじめは結婚を勧めておきながら、相手をけなす矛盾。「母は私を自分だと思っているのだ」。だから、母の言葉はしばしば矛盾をはらむのだ。それならば、と彼女も母親と同一化を試みます。ただし、こちらは意図的に。

母の視点になると、なんでもかんでも馬鹿らしく見えた。心地よかった。母が私を自分と思い込んでいるように、きっとあのときから、私も自分を母だと思い込んでいたのだろう。私たちは《遺伝子を超えて》良く似ているはずだ。

彼女は何事かを抑え込んでいます。たとえば、自立した女たちへの羨望を。彼女たちをまるで娼婦のようだと考えることで、心の平安は保たれるでしょう。結婚も、外の世界も、自分にとっては価値がありません。そう思い定めることで、彼女が夢想するのは、母がいなくなった後の光景です。想像の中で彼女は鏡の前に立ち、高価な下着を身につけます。その想像は彼女を勝ち誇った気持ちにさせるでしょう。では、彼女は何に勝ったのでしょうか？　おそらく自分の人生に、です。

妹のように反発するだけでは、母の支配をはねつけることはできません。彼女が選択したのは、進んで母と同一化することでした。徹底的に同一化したときに、どうしても同一化しきれないあまりの部分がみえてきます。その「あまり」こそが、本当に彼女自身の欲望であり、彼女だけの世界なのでしょう。

父親という幻想的な存在

以上みてきたように、角田作品には男性にはわからない細やかな共感を通じて同一化しあう母娘関係のありようが、きわめてリアルに描かれています。いや、男性である私には、このリアリティが本当にはわかっていないのかもしれません。ただ、ここに描かれている関係性には、深いレベルで身体性が関わっていることは間違いないでしょう。

とりわけ「ふたり暮らし」は、一〇〇パーセントに近い共感が、時として息詰まるような密着関係をもたらすさまを描いて容赦がありません。ここでは男性的な鈍感さですら、女性だけの共同体にとって、時に救いでありうるかのようです。母と娘という共同体を支えるのは、こうした感覚的な共感であり、身体を介しての同一化です。私は、こうした過剰な共感と同一化こそが、母娘関係における親密さと困難の温床であることを、もはや疑いません。

ここで、私の「仮説」を検証すべく、もうひとつのフィクションをみておきましょう。小倉千加子氏の小説『ナイトメア』(岩波書店、二〇〇七年)です。小説とはいえ、この作品には小倉氏の従来からの所説が至るところに散りばめられており、その意味では、小説というよりは論文に近い作品というべきかもしれません。

ある小説家「私」のもとに、「ナイトメア」と自称する読者から次々と手紙が届きます。彼女は大学生のようで、主に母親との関係に由来するさまざまな悩みを抱えているようでした。

あえていえば、この小説のテーマは「身体」です。

母と娘が同じ「女性の身体」を持つという事実によって、いかに抜き差しならない関係に置かれ、またその関係によって反発しあうのか。これはおそらく、女性にしか理解できない感覚であり、関係性であるように思われます。

このことは、本作の冒頭近くでいきなり示されています。

母は実体の親であり、父は想像の親である。母だけが、子どもの父親が誰であるかを知っている。父とは、母によって指名された人に他ならない。（中略）母は、人の肉の親であり、父は、人の精神の親である。

精神分析がなぜ、エディプス・コンプレックスを扱うのか。なぜ、父の名を重視するのか。それは、人間の幻想に「父」の機能があまりにも深く埋めこまれているからです。父が幻想的な存在であるのは、ここにはっきり記されているように、そこに「自然」な根拠が存在しないからです。自然界には「父」はいません。父親がその存在を主張できるのは、人間界だけなのです。人間界では、むしろ父の機能が過大にふくらみ過ぎてしまったきらいもあります。

この点、母は自然そのものです。そう、たとえばこんなふうに。

（母親という）「肉の存在」は、母乳を子どもに飲ませる。母の身体の二つの排泄器官の間から出てきたわれわれは、さらに母の体液を、反射的に吸って生きていく。

ただし、だからといって、父親は幻想で母親は現実、という単純な対比が成り立つというほど、話は簡単ではありません。第三章でみてきたように、もちろん母親も、父親と同じくらい幻想です。ただし母親幻想は、肉体的なものに根ざしていると考えられているために、父親よりもずっと身近で、普段から意識せずにはいられないほど強固なものになりやすい。父親幻想は、ある時点から超自我などにすり替わって抽象化・普遍化されていくため、母親ほど身近な存在であり続けることが困難なのです。

身近さゆえの母への反発

このような母親の身近さは、本質的な要素というよりは、もっと現実的な理由から成り立っています。実際、子供の養育のほとんどに関わるのは母親の役割であり、離婚後の子供の八割以上は母親と暮らしています。そうした関係の中で、母親の存在は過度に身近なものとなり、父親の存在は過度に理想化されてしまうのです。

精神分析家クリスティアーヌ・オリヴィエは、たとえば次のようにいいます。

> 子供に責任をもつ大人がもっぱら女性でありつづけるかぎり、女性たちが対象となっている女性嫌いは、男性たち・女性たちの心にひそかに住みつづける。（中略）すべての子供は、女の子であれ男の子であれ、女性の、つまり〈母〉の権力に異議を唱えることによって自分たちの人格を明確にしはじめるのである。（『母と娘の精神分析』法政大学出版局、二〇〇三年）

こうした母親への反発が、娘たちの立場を混乱させてしまうことがしばしばあります。

それはナルシシズムをめぐる混乱でもあります。

ナルシシズムは、異性の親から愛されることによって育まれます。それゆえ唯一の教育者としての母親やほかの女性の存在は、男の子のナルシシズムを育みはしますが、娘のナルシシズムを確立することはできません。なぜなら、娘のナルシシズムは、異性である〈父〉の存在を通じてしか、確立されえないためです。

しかしオリヴィエのいうように現実の〈父〉は、たとえその子供たちを愛していても、母親（一日平均三時間）と比較して、子供たちの世話をする時間があまりに乏しいのが現実です（一日平均五分）。

母親に反抗する娘たちは、母親が押しつけてくる「女性らしさ」のイマージュに抵抗するようになるでしょう。もし、父親の関与が十分であるならば、娘たちは自らの女性らしさと折り合いをつけられるかもしれません。しかし、通常はその関与は必ずしも十分ではありません。結果的に、多くの娘たちは、女性や女性らしさに対して両価的な感情を抱かされることになります。

オリヴィエによれば、女性の条件について考えるために一〇〇名の女性が集った集会で、全員の意見が一致した表現が「彼女たちの母親がはじめから彼女たちを閉じこめていた」（前掲書）というものだったといいます。

果たして男性の集会で、すべての男性が「父親に閉じこめられていた」と表現するでしょうか。そうしたことは起こりそうにありません。これは、母親という存在の特異性を示してあまりあるエピソードとみるべきでしょう。

母親的な身体

さて、『ナイトメア』において、母親的な身体とは、たとえば次のように描写されます。

男性が、「肉欲」を持つ存在になることを運命づけられているのに対し、女性は、「肉欲」を受け入れる「肉の空洞」になることを運命づけられている。「肉欲」の対象としての「肉体」を維持し、自らは「肉の欲望」を持たないとされる肉体。それが、女性の肉体である。

この、欲望の主体ではなく対象であるほかはない身体こそは、まさにヒステリー的な身体といいうるでしょう。ただし、ここでいう「ヒステリー」とは、臨床的な診断名ではありません。それは自分の存在証明として、症状しか利用できないような存在一般を指す言葉です。そのほとんどは女性であり、彼女たちは自分の症状によって他者から欲望されることを無意識に望んでいるのです。第三章でも述べたように、身体をこのように使用することこそが、女性＝ヒステリーの特徴にほかなりません。

このような事態が起こるのは、娘への母親の支配が、ごく幼い時期から、双方ともほとんどそれを自覚することなしに始まるからです。母親は娘に、自分と同性であり男の子よりもか弱く従順な存在であるがゆえに、母親の支配を受け入れるべきであることを無意識に期待しています。一方娘も、母親のそうした期待を十分に理解し、素直に支配を受け入れるでしょう。こうしたことの一切は、母と娘が身体的に同一化しやすいことから起こってきます。

このような期待は、さまざまな遊びを通じても表現され、娘に深い影響を及ぼします。たとえば「ままごと遊び」のような素朴な楽しみですら、母親になるためのレッスンであると小倉氏はいいます。その主張がどの程度正当なものなのか、私には判断できかねますが、なるほど、いわれてみればそういうものかもしれません。

生活の苦しさを忘れさせ、それがあたかも遊びのように楽しいことなのだと錯覚させること。その意味で女の子の「遊び」とは、「人生の苦痛を忘れさせる『麻薬』のようなもの」なのです。

際限のない同一化

ところで、母親が娘に要求するのは、必ずしも娘が「自分と同じようになること」とは限りません。むしろ母親の要求は、しばしば非現実的なまでに高いものへとエスカレートしがちです。たとえば母親のためには男の子に匹敵するような業績を上げながら、男の子が与えられない女の子ならではの喜びを与えるような存在であること。

女である以上、ナイトメアは、母に対して、女の子しか提供できないものを提供しなければならない。
お給料で母のために買ったプレゼントでも、招待した旅行でも母が満足しないのには理由がある。どんな母でも同じである。母は、ナイトメアに、たとえ世界中捜しても見つけて与えられないものを要求していたからである。（中略）それは、自分の人生の「生き直し」である。

同じことは、先にふれたオリヴィエによっても指摘されています。

親は自分と同じ性を持つ子供のうちに、人生のやり直しの可能性を見る。その親は自分自身の過去との関連でこの子供の将来をすでに思い描いている。そして子供を「同一化の計画」のなかに包み込む、さらには閉じこめる。この計画に、子供はその親の要求の多寡に従って、多かれ少なかれ応えることになるだろう。（オリヴィエ・前掲書）

なるほど、もしこれが事実であるなら、このような際限のない欲望にはとうてい応えようがありません。あるところまでは母親に従順だった娘たちも、しまいには嫌気がさしてくるでしょう。その兆しは、最初「空虚感」としてあらわれてくるようです。
自分が母と同一化することに抵抗していることに母が気づけば、母は愛情を引き揚げてしまうかもしれない。そう考えることは、娘たちに、後述するような「空虚感」をもたらすひとつのきっかけとなるのです。

「女性性＝身体」の図式

ナイトメアもまた、身体を通じての母親の支配を経験します。彼女は母親による肉体の支配を嫌い、拒もうとします。そのために、彼女は何をしたか。そう、母親の支配の及ばない領域である知性へと向かったのです。知性は男性的な能力であるがゆえに、女性である母親による身体的支配を免れる。彼女は徹底して知的な存在であろうと努力し続けます。

ナイトメアは、母親と自分が同じ肉体を持ち、母親が、自分の首から下の肉体と、肉体すべての表面に浸食してくることに、嫌悪感を抱いていた。肉体の内部には、意志がない。肉体の表面は、小さな子どもだったナイトメアには、まだ意志による演出が困難な場所であった。ナイトメアが逃避する場所は、もはや頭の中しかなかった。

しかし第三章で、私は女性性なるものが表層的なものでしかないことを強調しました。言い換えるなら、女性性とはすなわち身体性のことにほかならず、そこにはいかなる本質もないのだ、と。女性とは、その生育過程を通じて女性的な身体を獲得するようにしつけられ、成熟してからももっぱら身体性への配慮によって、「女性らしく」あり続けようとする存在なのです。

たとえば化粧もせず、身なりにも気をつけようとしない女性に対して、われわれはつい「女らしくない」と感じたり、そう口にしたりもするでしょう。しかしこの時点で、われわれは「女性性＝身体性」という図式を全面的に受け入れたも同然です。

女性はつねに、自分と他者の肉体を意識しながら生きています。そもそも化粧やファッションへの関心は、肉体への関心なくしてはありえません。女性は男性よりもはるかに「見られる性」であるため、自分がどう見られているかをつねに意識させられるのです。

この点についてもオリヴィエは、次のように述べています。

ごく最初期から、赤ちゃんの無意識のなかに刻み込まれるのは、外観は他人のうちに「もっと多くの愛」を引き起こしうるということである。このことは女性をつかさどるソフトウェアの最初の記憶痕跡《エングラム》の一つとなるだろう。もっとあとになって、小さな女の子が何か悪いことをすると、彼女の母親または祖母はしばしば言うだろう。「おお、おまえは何とみっともないんだろう！　おまえは可愛くないよ！」これらの形容詞はその子供を道徳的な掟にではなく、美的な掟へと向かわせるのである。

小さな女の子の人生のきわめて早期に、美しさと聞き分けのよさは、女らしさの目印として提示されるが、美しさも聞き分けのよさも、女の子の赤ちゃんの無意識の形成時に周囲の人々から教え込まれた価値でしかない。（オリヴィエ・前掲書）

しつけによる身体性の伝達

女性たちにおける身体性へのこだわりは、これほどまでに根源的なものなのです。もしそうだとすれば、娘たちに「女性らしい」身体性を正確に教えられるのは、母親をおいてほかにありません。しかし、容易に予想されるように、しつけによる望ましい身体性の伝達とは、とりもなおさず娘の身体を支配することにつながってしまうでしょう。ならば、母娘関係が特別なものになるのは当然です。女性が女性らしくあるためには、その出発点において、つねに母親による支配を受け入れるという手順が必要とされるからです。

ナイトメアの母親もまた、このような形でナイトメアの身体を支配しようとしました。それが文字通りの支配であったために、ナイトメアはそこから逃げだすべく、徹底して知的な存在であろうとしたのです。その努力は成功するかにみえましたが、しかし結果的にナイトメアは、まともに対人関係を持つことができないという問題を抱え込みます。

無理に人と関われば空虚感に襲われ、自分らしくあろうとすれば人から離れてしまうほかはないからです。「私は、人間の形のカラッポです」と彼女はいいますが、こうした空っぽさこそ、先にも述べたヒステリー的なカラッポさにほかなりません。

一方、オリヴィエによれば、男の子は母親に対してずっと自由な関係を持つことができるといいます。なぜでしょうか。

母親が男の子に対して抱いているオイディプース（エディプス）的愛のおかげで、母親は男の子をありのままに無条件で愛するからである。男の子の性的な差異だけで、男の子を産んだご褒美として母親には十分なのである。母親が『女性』のステレオタイプに適うように要求するのは、娘に対してだけである。しかもその上、自分の娘を閉じこめ、自分の野心の対象としているにもかかわらず、母親はそのようなやり方をするのはよいことだと信じているのである。
（オリヴィエ・前掲書）

前章で述べたように、「男性らしさ」は抽象的な観念として伝達することができます。しかし「女性らしさ」を積極的に指し示すような観念はほとんど存在しません。それゆえ、母親が娘に伝えようとする「女性らしさ」は、きわめて個人的な内容のものにならざるをえません。それはほとんどの場合、娘を母親に身体的に同一化させよう、さらにいえば同一化によって支配しようという試みに限りなく接近するでしょう。

教育における分裂

身体的な同一化によるしつけは、時代や地域を越えてなされる普遍的な行為であり、これはいわば「一時的な支配」です。こうした支配がなされたのちに、多くの母親は、自分とほとんど同一の存在となった娘に、自らの人生の生き直しを求めようとします。娘に高い学歴や出世を望む母親たちの欲望は、かくして「二次的な支配」へと向けられるのです。

こうした支配は、娘の幸福を心から願うような、献身的なまでの善意にもとづいてなされるため、通常の支配とは異なってみえるでしょう。しかし、娘の側からみれば、そこにあるのはまごうことなき支配欲でしかありません。母親の側にそのあきらかな意図があれば、議論も説得もできるはずです。しかし、支配の自覚がない人による支配くらい、たちのわるいものはありません。それは、支配に反抗する身振りが罪悪感をもたらすような関係性を生むからです。

ともあれ、母親は娘たちを、女性らしい身体を持つようにしつけるのですが、これは言い換えれば、他者の要求に応え、他者に気に入られるような受け身的存在であるように教育することにほかなりません。その教育は、娘たちの欲望そのものを決定づけるほど深いレベルでなされるため、いっそう徹底したものになります。そう、それがすなわち「女性らしさ」への欲望です。

これまで述べてきたように、女性らしさの大半は、きれいな髪形や可愛いドレスといった、身体と外観に関わる要素から成立しています。こうした女性らしさへの欲望こそが、女性の身体性を決定づける主たる要因、ということになるでしょう。

しかし、女性らしさにも外見以外の「本質」がないわけではありません。たとえば「やさしさ」「おとなしさ」「従順さ」。これらはいわば、自らの欲望を放棄する態度にほかなりません。世の男性が、女性一般はともかくとして、自分の妻にだけはおとなしさと服従を希望するという態度を変えない限り、これらの女性らしさは美質の地位を失うことはないでしょう。

女性の教育にはあらかじめ分裂が含まれています。すなわち、外見＝身体においては他者の欲望をより惹き付ける存在であれ、という命令。さらに本質においては、自分の欲望は放棄せよ、という命令。これを忠実に実行するならば、非常に魅力的な外見と、とことん控えめな性格を持った、ありえないほど理想的な女性のできあがり、というわけです。

しかし、ここにこそ、女性の感ずる「空虚感」の源があるのだとしたらどうでしょう。

2　「母の言葉」による支配

女性特有の空虚感

こうした分裂をはらんだ母娘関係は、外見上はきわめて穏やかにみえても、実際には「女性の人生全体に痕跡を残す真の無意識的核心」をもたらします。また、この分裂ゆえに、女性はある種の「空虚さ」を抱え込むことになります。実はこれこそが、ナイトメアのいう「人間の形のカラッポ」を意味しています。

こうした空虚感の起源は、精神分析的には口唇期《こうしん》にあるとされます。ほとんどの場合、男性はこの種の空虚さを感じることはありません。それは男性が口唇期において、空虚さを体験しなかったからとされます。「彼の性器のおかげで、彼の母親はやりなおすべき自分の女の一生を彼に押しつけることができなかったからである」と、オリヴィエは説明します。

女性は空虚さを、憂鬱さを、倦怠《けんたい》を、孤独を、男性よりもずっと強く感じているし、それをつねに訴えようとします。またそれゆえに、彼女たちは自分の喜びを犠牲にしてまで他人のために尽くそうとするのです。「彼女たちが何か目に見えるものを与えるかぎりにおいて、彼女たちの頭は、自分は内的に空虚ではないと彼女たちに語りかけるのである」といいます。

オリヴィエが指摘するように、女性の頭と身体はしばしば乖離《かいり》してしまっています。

この乖離ゆえに、私には女性の身体意識が、ある種の「操縦感覚」ではないかと思われることがよくあります。つまり、女性身体というモビルスーツを着用して、それを思い通りに操縦しようとしているような感覚です。女性においては、自分と肉体との間に距離がある、といいうるのではないでしょうか。

たとえば「体がぼろぼろ」という表現があります。個人的な経験に照らすなら、私は男性がこの表現を使うのを聞いたことがありません。私の経験した使用例は、すべて女性のものでした。女性の皆さんは、きっとこの感覚がよくわかるのだろうと思います。しかし男性としての私自身は、「体がぼろぼろ」ってどんな感覚なんだろう、とどうしても疑問に思ってしまうのです。

女性に圧倒的に多い病気である摂食障害も、あるいはこのために生ずるのかもしれません。オリヴィエはこの病気を女性に特有の空虚さの感覚と結びつけようとします。しかしおそらく、それだけではありません。女性は男性と異なり、食欲と体重を意のままにすることによって自己コントロール感を高めることができるのです。そして自己コントロール感を高めることは、高い自己肯定感に通じています。

ここで、これまでの流れをざっと整理しておきましょう。

女性性とはすなわち身体性のことであり、女性らしさとは主として外見的な身体性への配慮です。それゆえ女の子へのしつけは、男の子の場合とは異なり、他人に気に入られるような身体の獲得を目指してなされます。このため母親による娘へのしつけは、ほとんど無意識的に娘の身体を支配することを通じてなされがちです。

身体的な同一化による支配において、母親は時に、娘に自分の人生の生き直しすら期待します。こうした支配は、高圧的な命令によってではなく、表向きは献身的なまでの善意にもとづいてなされるため、支配に反抗する娘たちに罪悪感をもたらします。

しかし、母親による支配を素直に受け入れれば、自分の欲望は放棄して他者の欲望を惹き付ける存在(「おしとやか」で「可愛い」女性)という「女性らしさ」の分裂を引き受けなければなりません。それゆえ母親による支配は、それに抵抗しても従っても、女性に特有の「空虚さ」の感覚をもたらさずにはおかないのです。

母と娘の「入れ子」関係

川上未映子氏の芥川賞受賞作品『乳と卵』(文藝春秋、二〇〇八年)は、母娘関係における身体性というテーマからながめるとき、なかなかに興味深い作品です。

ある夏の日、「わたし」のアパートへ、大阪に住む三九歳の姉・巻子と小学生の娘・緑子がやって来ます。姉の上京の目的は豊胸手術で、初潮を迎えつつある娘は緘黙《かんもく》したまま筆談で会話します。姉は離婚してから水商売などで苦労しながら娘を育てています。一方語り手の「わたし」は、東京での仕事が「なにひとつうまくゆかぬ」という悩みを抱えています。

この小説のテーマのひとつが「身体」なのです。

「容れ物としての体」は、川上未映子氏の作品において、いくども反復されてきた主題です。何しろ彼女自らが、こう語っているくらいです。

「服は脱げても体は脱げない」というのが一時期、私のキャッチコピーだったんですけど(笑)、男、女にかかわらず体はどうしても変えられないということは不思議な感じがします。(川上未映子・芥川賞受賞者インタビュー『文藝春秋』二〇〇八年三月号)

この小説においても、その「容れ物」感を嫌悪もあらわに記すのは、まだ小学生の緑子の役目です。

「あたしは勝手にお腹がへったり、勝手に生理になったりするようなこんな体があって、その中に閉じ込められているって感じる」

「あたしの手は動く、足も動く、動かしかたなんかわかってないのに、色々なところが動かせることは不思議。あたしはいつのまにか知らんまにあたしの体のなかにあって、その体があたしの知らんところでどんどんどんどん変わっていく」

ここまでの感覚は、私によるこれまでの検証とも一致します。しかし『乳と卵』のすばらしさは、まさにその先にあるのです。そこには女性特有の身体性から、さまざまな言葉が生まれてくるさまがリアルに描かれています。

たとえば緑子の緘黙は、言葉の拒否であるばかりか、勝手に成熟してゆく体に逆らう身振りであるようにも思えます。体でつながっている母と娘は、それゆえに誰よりも共振しあい、誰よりも深く傷つけあうような関係でもありうるでしょう。聡明な緑子は、自分が母に投げつける言葉がどんどん鋭くなっていくことを知って、声を捨てるほかはなかったのです。

一方、姉・巻子の豊胸への欲望は、ほとんど「豊胸について語る欲望」そのものです。彼女の上京イベントが、豊胸手術、ではなく術前カウンセリングのためであるのは象徴的です。どこの病院でシリコンを胸に入れるべきか、人工の身体をめぐる巻子の饒舌《じょうぜつ》は、あたかも独語のように空回りして狂的に響きます。あるいは銭湯で他人の乳房を熱心に観察し、論評する巻子の言葉もまた同様です。

娘を生み、母乳を与えることで、乳房は失われたと、巻子は思っています。失われた体を回復しようと巻子は果てしなく饒舌になりますが、実はその欲望には根拠がありません。「わたし」から、なぜそこまでして豊胸を？　と問われて巻子は言葉に詰まり、ちゃんと答えられないのです。

緑子は「あたしにのませてなくなった母乳んとこに、ちゃうもんを切って入れてもっかいそれをふくらますんか、生むまえにもどすってことなんか、ほんだら生まなんだらよかったやん」と記します。このとき、母親の巻子も娘の緑子も、ひとつの迷宮と向き合っています。そう、それが身体性と言葉の迷宮です。

言葉と身体の循環構造

四〇歳近くになってまで水商売を続けて娘を養わざるをえない巻子が豊胸を思いついたのは、当初は「生活のため」であり「娘のため」でした。しかし、当の娘から豊胸手術への嫌悪を示されて、巻子の思いつきは根拠を失います。にもかかわらず、豊胸への執着だけは残ってしまいました。もはや根拠のない豊胸への欲望は、豊胸の必要性と方法論についての際限ないお喋りによって、支えられるほかはなくなったのです。

一方、母親の豊胸手術を嫌悪する緑子は「生まなんだらよかった」と記すのですが、その嫌悪自体が女性身体への嫌悪に根ざしており、さらにいえば自己嫌悪を通じた自己愛に根ざしている以上、彼女の言葉は矛盾をはらみます。それは自己愛ゆえに自分を否定するという、思春期にありがちな葛藤でもあります。

つまりここでは、身体への執着も身体への嫌悪も、女性性の無根拠さを隠蔽《いんぺい》するための言葉として語られることになるのです。

これまで何度も述べてきたように、女性性の本質なるものは存在しません。それはすなわち、女性性＝身体性を語るための決定的な言葉が存在しない、ということを意味しています。女性性を語ることの困難は、とことん語ろうとすれば身体性の無根拠にゆきあたり、身体性を追求すれば言葉の無根拠にゆきあたる、という奇妙な入れ子の構造にあります。

そして「入れ子」もまた、川上作品において、ひとつの鍵となるイメージでした。

緑子は卵子について考えます。「生まれるまえの生まれるもんが、生まれるまえのなかに」ある不思議。緑子は言葉についても考えます。「言葉のなかに、言葉でせつめいできひんもんは、ない」という不思議。そう、言葉はまるで卵子のようです。今や「入れ子」は至るところに、とりわけ言葉と体が交わる場所にあるといえるでしょう。

言葉と身体の関係こそが、最も複雑な入れ子を作る。この点が重要です。男性とは異なり、自分の身体をつねに意識させられている女性にとって、「私」と身体性は切っても切れない関係にあります。それゆえ、「私」を語るあらゆる言葉は、身体から生まれるほかはありません。しかし当の身体には、つねにすでに言葉が棲《す》みついています。言葉と身体、いずれが先かは、もはや決定不能です。「この私の言葉が、私の体を考えるとき、その入れ子には無限の「私」がはらまれるでしょう。

私」という幻想は、「体」が「私」の容れ物であるという感覚を伴って、この循環的な構造から生まれてくるのです。このとき、自己言及をするのは「私」ではありません。自己言及そのものが「私」なのです。

自己言及のパラドックス

物語のラスト近く、「ほんまのこと」をめぐって展開するクライマックスの悲喜劇的シークエンスは、母と娘の関係こそが究極の入れ子であることをにおわせて心を揺さぶります。おそらく母娘関係に固有の困難は、自己言及のパラドックスに似ているのでしょう。

どういうことでしょうか。

ここで、先に引用した萩尾望都『イグアナの娘』を思い出してみましょう。イグアナに似ていると嫌悪された娘の母親は、実はイグアナの顔をしていました。ということは、母親に似ている娘の子供もまた、イグアナであるのかもしれません。

母親からイグアナといわれ続けた娘は、自身をイグアナとしか認識できなくなります。つまり、娘の身体を作り上げるのは、母親の言葉なのです。ここでやっかいなのは、娘へと向けられた母親の言葉は、しばしば無意識に母親自身を語る言葉でもあるという点です。

つまり、母親が娘を支配し、身体的な同一化をうながすのは、何よりもまず言葉によって、ということになります。その意味で母親の言葉は、ふたつの水準で真実です。言葉が自身の身体を語ってしまうという事後性の水準と、言葉がいずれ娘の身体に反映されてしまうという予見性の水準において（よしながふみ『愛すべき娘たち』の麻里と母親のエピソードを思い出しましょう）。娘へと向けられたはずの言葉が、実は願望も含めた自らを語る言葉でもあるということ。おそらく母親の身体性は、このような言葉の回路を通じて、娘へと伝達されていくのでしょう。これは言い換えるなら、すべての娘たちの身体には、母親の言葉がインストールされ、埋め込まれていることを意味します。このようにイメージするだけでも、いかに「母殺し」が不可能であるかがわかります。

どれほど母親を否定しようとも、娘たちは、すでに与えられた母親の言葉を生きるほかはないということ。このような困難を抱えた関係性を抜け出す方法は果たしてあるのでしょうか。

終章●関係性の回復のために

治療相談について

今までの章をふまえて、本章では結論めいたことを書かなければなりません。

しかし、私の筆はとうてい軽快には運びそうにありません。これまで大勢の女性論者が挑んできたこの主題について、男性である私にどれだけのものをつけ加えることができるのか。その答えは自ずとあきらかであるように思われるからです。つまり、そんなことは無理ではないか、と。

いささか弁解めいたことをつけ加えるなら、私は母娘関係のようなテーマを扱う本に、必ずしも「解決編」は必要ではないかもしれない、と考えてはいます。この種の本は、とにかく従来にない分析と解釈が示されればそれで十分なのであって、そのこと自体が読者を解決へと動機づける。むしろ解決まで書いてしまうことは、そうした動機づけを奪ってしまう可能性がある。そんなふうな「配慮」を投げ出して筆を置く、というやり方にも捨てがたい誘惑を感じます。

しかし、私はあえて「解決のヒント」くらいは示しておきたいと考えました。それは何よりも、自分自身のためにです。私は本書を書く過程で、さまざまな書物から臨床上の有益な刺激をもらいました。それらの刺激を一度きちんと消化して、解決の方向性として示しておくこと。それは必ずしも無駄にはならないと考えるからです。

ただし、本書では精神科医やカウンセラーの本にありがちな「治療・相談の勧め」はやめておきましょう。母娘関係の問題は、摂食障害やひきこもりのような「病理」に至ることもあれば、必ずしもそうではない場合もあります。また、病理であったとして、それに対応できる専門家もけっして多いとはいえません。不適切な治療者との出会いで問題がこじれ、「医原性」（医療が原因で生ずる病理性）の病理がつけ加えられることすらありえます。

母や娘の側に、はっきりと治療すべき問題が生じている、というような場合を除いては、私はあえて、治療やカウンセリングをお勧めしません。この本にいくばくかの「実用性」がありうるとすれば、それは何よりも当事者が問題の所在を知的に理解することを助けることにあります。関係性がはらむ問題を考える場合、理解がそのまま希望につながることが少なくないからです。

それでもどうしても、自力ではこじれた関係を解きほぐせない。そのような状況に陥っている場合のみ、治療的手段をお勧めしておきます。ただし、先ほども述べた通り、この問題についてきちんと対応できる専門家はけっして多くありません。私自身、臨床家としては母娘関係の専門家とは呼べません。治療相談を受ける前に、せめて治療者の専門性や治療を受けるメリットについて、十分に把握しておくことをお勧めします。

自分の人生を生きること

さて、これまでの章で示してきたいくつかの視点の中には、それだけで解決策のヒントとなりうるものも含まれているように思います。ここでもう一度、ざっと振り返っておきましょう。

摂食障害事例の母娘関係における、共感と思いやりに満ちた支配関係（ゴールデンケージ）。ひきこもり事例における、ゆき過ぎた密着関係がもたらす弊害。密着がもたらす問題を理解するうえでは、メラニー・クラインによる精緻な理論が参考になります。とりわけ「支配なき支配」が成立していくうえで、クラインの「投影性同一視」と「妄想―分裂態勢」はきわめて重要な概念となるでしょう。

クライン理論がそうであるように、さまざまな理論は、問題を完璧に理解するため、というよりは、問題の存在を発見しやすくするうえで役に立ちます。

家族システム理論は、精神分析ではみえてこないような関係性の病理（「インメッシュメント」「積極的に巻き込まれる子供」など）が存在することを示してくれます。斎藤学氏のアダルト・チルドレンに関する理論は、物理的に距離をとっても娘たちに影響を及ぼす「インナーマザー」の作用について教えてくれます。あるいは高石浩一氏の議論は、母娘関係で働く「マゾヒスティック・コントロール」の存在に気づかせてくれるでしょう。

以上の論点からもわかる通り、理解と解決はしばしば一体のものです。

ここまではっきりしていることは、問題の所在に気づいた場合の解決策として、最低限、次のことは考えておきたい、ということです。これらはいうまでもありませんが、母親だけに向けたアドバイスではありません。母親の欲望に気づくことが娘を解放することにつながるということもあります。

・支配―被支配の関係に気づき、その欲望を抑えること。ここにはもちろん、「支配したい欲望」のみならず、「支配されたい欲望」も含まれます。また、母親の自己犠牲や責任感すらも、しばしば支配のための論理に利用される可能性があることも理解しておくべきでしょう。

・感情のもつれをもたらす密着関係、密室関係を脱するためにも、離れて生活する可能性について検討してみること。

・「自立」の真の意義について考えてみること。これについては、第三章でのハリエット・レーナーによるアドバイスをもう一度記しておきましょう。「母親が娘に与えられる一つの素晴らしい贈り物は、できる限り自分自身の人生を生きることです。それは同様に、息子や自分自身に対する贈り物でもあるのです」。

とはいえ、先にも述べた通り、何が本当に「自分自身の人生」であるかを知るのは、けっこう難しいことです。母娘関係における「自立」を考える場合に大切なことは、互いに「娘が（母が）いなくなったとしても、その生き方を選択するか」について想像してみることでしょう。相手が不在であっても選択しうる生き方は自立度が高いといえますし、もし相手の不在が想像もできないようであれば、まだ自立とはほど遠いといわざるをえません。

意図的に距離をとる

ところで、レーナーのアドバイスから私が連想したのは、くらもちふさこ氏の漫画作品『いつもポケットにショパン』（集英社文庫、一九九五年）です。これは天才ピアニストとしての誉れ高い母親・須江愛子と、才能はあるけれど伸び悩んでいる娘・麻子の物語です。

もちろんこの作品は、母娘関係だけがテーマではありません。麻子の恋愛や師弟関係、あるいは生き別れた父親との関係修復なども描かれ、全体にはコメディタッチといえるくらい軽いトーンで描かれています。本書で紹介した作品の中では、最も「重くない」作品といえるでしょう。

母親の愛子はコンサート活動で多忙をきわめ、ほとんど麻子のピアノ練習につきあうことはありません。自分の指導は音楽学校にまかせきりという母親の冷淡ぶりに、麻子は不満を隠せませんが、ふとしたことから、母親の真意を知ることになります。

珍しく生徒の公開レッスンを引き受けた愛子は、一人の生徒の母親に、音感を育むためにも普通の家事をさせるように指導します。いわれた母親は不満げに「先生のお子さんにはそんなことさせられますか？」と反論します。それに対して愛子は、微笑を浮かべつつこう答えます。

「麻子はシチューが得意です」と。

物陰からそのやりとりをこっそり見ていた娘・麻子は、母親・愛子の真意を知って圧倒的な幸福感に包まれます。愛子が自分を突き放し、家事をさせたのは、ピアニストにとって「生活」がいかに大切かを教えるためだったのです。あるいは愛子には、自分の才能が娘を圧倒したり、ゆき過ぎた同一化の対象となることへのおそれもあって、麻子とは意図的に距離をとり続けたのかもしれません。

つまり本作では、母親が自分自身のピアニストとしての人生を全うすることが、結果的に娘との関係を健全なものにしていたとも考えられるのです。

とはいえ、この母親のたたずまいには、これは単なる天然ではないかと疑わせるところも多く、果たしてそこまでの深慮遠謀があったかどうかは定かではありません。本当に好きなように生きていたら、よくできた娘が勝手に成長してくれた、という物語なのかもしれず、それがまたこの作品の深いところなのです。

第三者の場所

さて、第二章でふれたキャロリーヌ・エリアシェフの著書には、解決へのヒントがかなり具体的に記されています。母娘関係を「プラトニックな近親相姦」とみなすことからもわかるように、彼女が重視するのは第三者の存在です。なぜなら、あらゆる近親相姦の問題は、第三者の排除によって生ずるのですから。

エリアシェフのいう「プラトニックな近親相姦」関係にあって疎外されているのは、父親の立場でした。ならば、父親の復権こそが問題解決の鍵をにぎっているのでしょうか。

理屈のうえでは、確かにそうなります。その意味で、本書はまず何よりも、父親に読んでもらいたい本でもあるのです。私自身がそうであったように、母娘関係の問題に気づいている男性は、ほとんどいないに等しいのが現状です。当事者の一人である彼らがそれに気づき、それを理解することは、母娘関係を適切なものにするうえで、必ず役に立つでしょう。

しかし臨床家としての私は、これが理想論であることも知っています。残念ながら、世の父親の大半は、家族問題からの待避場所として、仕事と多忙さをフルに活用しています。彼らの多くは「働いて喰わせてやっている」の一言で家庭内での役割を免責されていると確信していますが、その代償に徹底した軽蔑と疎外を支払わされていることには気づこうとしません。

エリアシェフもまた、「第三者」の立場を担う存在として、必ずしも「父親」だけを考えているわけではありません。彼女が強調する第三者の機能とは「まず母と娘を分離させる機能、言い換えればアイデンティティーの混同を避けて差異化を行うと同時に、一方による他方の支配（ここでは母による娘の支配または娘による母の支配）を回避し、仲介する」ことです。それゆえ「第三者」とは、女性であっても構わない、と彼女はいいます。あるいは先に引用したくらもちふさこ氏の作品でいえば、父親不在の家庭で第三者としての機能を担っていたのが、「生活」であり友人や教師たちであったのかもしれません。

なぜ第三者が必要か。これについてエリアシェフは、いくつかの論点を補足しています。

娘がアイデンティティーを形成するうえで、同性である母親との同一化は欠かせない過程です。

しかしそれ以上に重要なのが差異化の過程、すなわち自分が母親とは違う存在であることに気づき、それを受け入れ、実現していく過程です。

母娘関係においては、そのゆき過ぎた同一化がアイデンティティーを混乱させることすらあります。このとき〈アイデンティティーの混同〉を防ぎ、差異化を推し進めることができるのは第三者だけなのです。そのためにも、「父と娘と母のだれもが疎外されることのない『三人の関係』を築くこと」が大切である、とエリアシェフは結論しています。父の参加をうながすことの著しい困難をふまえたうえでなら、この解決の方向には私も賛成です。

「母の言葉」の作用を自覚する

第四章で私は、「母の言葉」の問題について検討しました。母親自身を語る言葉が、娘の未来をも規定してしまうということ。そこに身体性の問題が深く絡むということ。この点については、どのような解決がありうるでしょうか。

第四章でみてきたように、母の言葉は、あたかも娘の身体に刻み込まれたように長く影響を残します。私の知る限りでも、多くの女性が「母にいわれた忘れられない一言」の記憶に苦しんでいます。しかし、同じような訴えを男性から聞く例は、女性に比べてきわめて少ないのです。

母親自身が、「母の言葉」の作用に自覚的であること。まずこの点が重要です。

それが母親個人の願望や自己嫌悪、トラウマ語りといった「自分語り」になってしまってはいないか。その言葉が娘の言動に、すでに予言のような深い影響を及ぼしてはいないか。こうした点に配慮しながら、言葉を尽くして語りあうことが大切です。

寡黙な関係は、ひとつひとつの言葉の重みを大き過ぎるものにしてしまいがちです。言葉を軽くし、決定的な重さを奪い、あるいは失言には取り返しがきくような状態に留めておくためにも、会話する関係はきわめて重要なのです。

さらに、ここでもエリアシェフのいう「第三者」の位置が重要になります。母の言葉がこのような直接的な真実として作用することを防ぐためにも、その言葉をさまざまに解釈しなおしたり、あるいは異論をぶつけたりする第三者が存在することが望ましい。母の言葉が真実になってしまうのは、その言葉が母娘関係という密室の中で交わされるからです。この密室性を開放してくれるのも、第三者の役目なのです。

以上は、「母の言葉」の作用をふまえた、ごく一般的な注意です。

ここで、言葉の問題に関連して、最後にもうひとつだけ漫画作品を紹介しておきましょう。近藤ようこ氏の『アカシアの道』（青林工藝社、二〇〇〇年）は母娘関係の地獄を母親介護の視点から描いた名作として知られ、映画化もされました。ここで本作を取り上げるのは、母娘関係の回復を言葉の問題から考えるうえで、大きなヒントをもらったためです。

ヒロインの美佐子は二〇代の編集者で、高校を出てから八年も実母が暮らす団地に帰っていません。ある日彼女は、母方の叔母から、母親がアルツハイマー型認知症を発症していると知らされます。不本意ながらも母親の介護のために実家に帰った美佐子を迎えたのは、実の娘の顔も忘れてしまった変わり果てた母親でした。

美佐子の母親は元教師で、娘のしつけには体罰も辞さないほど厳しい母親でした。父親とも性格が合わず離婚した母親は、女手ひとつで美佐子を育て上げようと懸命だったのですが、美佐子にとってはひたすらうとましい存在でした。大学に入って一人暮らしをはじめ、職業も得てようやく母親から解放されたつもりだったのに、いまわしい過去は介護という姿に形を変えて、再び美佐子を襲ってきたのです。

母親の認知症は次第に進行し、ついには徘徊をするまでになってしまいます。介護のために仕事を捨て、恋人との結婚も諦めた美佐子は、次第に追い詰められていきます。ついに母親とも無理心中を考えるまでになった美佐子を救ったのは、通りすがりの一人の青年でした。

ジェンダーの問題

この物語は、母娘関係を父息子関係に置き換えても成立するでしょうか。確かに、介護という視点からみれば、同様の事態は父息子関係にも起こりそうに思えます。しかし、この物語がこれほどまでに「身につまされる」ような恐怖と不安をかき立てるのは、やはりこれが母娘関係の物語であるがゆえ、ではないでしょうか。

たとえば、美佐子が介護に直面して向きあうことになる困難は、そのほとんどがジェンダーの問題と考えることができるほどです。

どういうことでしょうか。たとえば美佐子は、介護のために編集者としての仕事を断念せざるをえなくなります。もちろん誰かが露骨に「仕事を辞めろ」という圧力をかけたわけではありません。しかしたとえば、美佐子の叔母は「すぐ家に帰ってあんたが世話をするのよ」と当然のように指図をします。美佐子が母親を家に閉じ込めて出勤すると、母親が「開けてくれ」と騒ぎ、近隣住民から苦情が来ます。

こうした小さなエピソードのひとつひとつが、美佐子にとっては「仕事を辞めて介護に専念せよ」というプレッシャーとなっていきます。いや、そもそも美佐子の内面に、世間からそうした命令を押しつけられるかもしれないという恐怖があらかじめ埋め込まれているのです。そうでなければ、まるで悪い予感がことごとく実現するような形で、美佐子が母娘関係の密室に封じ込められるはずがありません。

これが男性ならば、どうでしょうか。たとえば親が認知症になってしまった場合でも、世間は女性の場合ほど「仕事より介護を優先せよ」という視線ではみないように思います。つまり、仮に仕事優先で親をほったらかしにしていたとしても、世間はそれを「仕方がないこと」として見過ごしてくれる可能性が高いのではないでしょうか。

美佐子が結婚にすがらざるをえなくなるのも、経済的安定を得て介護に専念したいと考えるからです。おそらく男性ならば、これとは逆の発想になるでしょう。「妻に介護を任せて自分は仕事に専念したい」と。その意味で男性は親子関係を切断する契機に「恵まれて」います。しかし女性はつねに、家庭に留まり、結果的には親との関係を強化させられてしまうような契機に包囲されているのです。

「母がしかたなくわたしを育てたように　わたしもしかたなく母の世話をするのだろうか」という美佐子の思いは、母娘関係の困難さの一部が、周囲から、すなわち社会や世間によって強いられたものであることを示すものです。「しかたなく」の連鎖がこの困難な関係性を成立させているとすれば、それに対する抵抗力は、男性よりも女性のほうが弱いものにならざるをえないのかもしれません。

「症状」の連鎖

ところで、この作品には、美佐子が子供の頃、母親に「わたしもお嫁さんになっちゃだめ?」と問いかけて母親に嘲笑《ちょうしょう》されるというシーンがあります。このシーンは、一見単純なものにみえて、複雑な残響を残します。

これは美佐子の追憶として描かれています。美佐子の記憶の中で、母親は「あんたお嫁さんになりたいの」と嘲笑を浮かべますが、私はここに、一種の記憶の歪曲《わいきょく》が施されている可能性を考えずにはいられません。美佐子はすでに母親の答えを予期しており、「お嫁さん」を望むことが母親に否定されることも折り込み済みで、この質問をしたのではないでしょうか。母娘関係の難しさは、次第に相手の出方を自分なりの方法で予期するようになり、その結果ますます関係性の悪しき要素が濾《こ》し出されるという側面にもあるように思うのです。

それではなぜ「お嫁さん」は否定されなければならないのでしょうか。

母親は優秀な教師という自覚を自らのよりどころとしており、その職業を美佐子にも押しつけようとします。

「教師は女が一生続けられる仕事よ」「わたしも教師だったから女手一つであんたを育てられたのよ」。

こうした母親の助言は、確かに押しつけがましいものです。しかし少なくとも、この助言は単純なナルシシズムの押しつけではありません。あるいは実現できなかった願望を、安易に娘に託す身振りにもみえません。それは少なくとも見かけ上は、女から女への、生き延びるためのメッセージとして語られているのです。

ここにもひとつの、本質的な問題がはらまれているのではないでしょうか。

なぜ、母親は娘に「生き方」までも押しつけるのでしょうか。少なくともその押しつけぶりは、息子に対する期待よりもはるかに直接的になされているようにみえます。先ほど述べた通り、生き方や職業の押しつけは、「この世界で女性として生きること」の経験から導かれた知恵の伝達にみえるのです。この態度が二重三重に複雑になっているのは、ほんらい「より良く生きるための知恵」の伝達であるはずのものが、娘の立場や時代状況への配慮を欠いた強引な押しつけになってしまうという必然性です。

ここには少なくとも、理性的な判断を超えた「症状」のようなものが関与しているように思われます。それは一言でいえば「母親は娘の生き方を支配してよい」という思い込みとして表現されるでしょう。さらにいえば、この「症状」は間違いなく、母親の母親によって植えつけられたものに違いありません。

実は私が「母の言葉」は二重の意味で真実である、と述べたのは、それが「症状」として真実であるほかはない、という意味でもあります。それは症状であるがゆえにいつわることはできませんが、症状であるがゆえにコントロールもできません。母娘関係の中で、どうしても表出されずにはおかない言葉、それを指して私は「症状」と呼ぶのです。

無意味なコミュニケーションへ

『アカシアの道』には美佐子の祖母は登場しませんが、これまでみてきた母娘関係のストーリーから推測するに、そうした「症状」の反復があったことはほぼ間違いのないところでしょう。少なくとも私はそのように確信します。この反復が、美佐子の母親の、常軌を逸して強引な態度をもたらしたのではないか。

本作で美佐子の不幸とは対比的に描かれる、幸せな結婚をした友人の「早百合ちゃん」の存在も印象的です。彼女の存在はこの作品において、幸福の象徴のように描かれるのですが、それは「早百合ちゃん」が、早くに結婚して子育てに忙しい主婦であることと無関係ではないでしょう。美佐子の不幸は、この社会で女が自立した生を営むことを考えてしまったがために「反復」される不幸なのです。言い換えるなら、母親からの自立などを考えず、主婦にさえなってしまえばあわずに済んだ不幸、という含意が「美佐子」と「早百合」の対比にこめられているようにも思えます。

しかしよく読んでみると、「早百合ちゃん」の幸福が決して理想的なものではないことに気づかされます。彼女は子供をあやしながら、母親という存在について驚くほど凡庸な持論を繰り返すのです。「自分の子」なのだから、オシッコもうんちも汚くない、人前で授乳するのも平気、母親とはそういうものなのだ、と。

それらの言葉は、まったく美佐子の心には響きません。これは当然のことです。美佐子の苦しみは、早百合が単純に信じ込んでいるような「母性の自明性」を信じられないところから生まれたものであるからです。

あるいは母娘関係の困難には、「母性の自明性」という伝統的な抑圧と、内省的な近代的自意識との葛藤においてもたらされるところがあるのかもしれません。これは第一章で述べた通り、抑圧が弱まってくると隠蔽されていた葛藤がみえやすくなる、ということでもあります。

本作にはその意味で、女の自立をはばむものもまた女であり、それは母親の形をしてあらわれる、という主張がこめられているように思います。

それゆえ、一応のハッピーエンドに終わる本作の最終章は、なかなかに複雑な感動をもたらします。デイケアセンターに通う母親は、周囲の老人たちとなごやかに語りあい、表情も生き生きとしてきます。しかし老人たちの会話は、内容的にはまるでかみあっていないのです。しかし結果的には、この「無意味なコミュニケーション」こそが母親の硬直した表情を解きほぐし、美佐子の安心を導くのです。

ラストシーン、母親の手を引く美佐子と母親が言葉を交わします。このシーンの会話は、かみあっているようでもあり、すれ違っているようでもあります。しかし、道に舞い散るニセアカシアの花びらを「アカシア」と言い切る美佐子の態度からもわかる通り、母娘関係を救うのはこの「無意味さに開かれたコミュニケーション」にほかならないということ。母娘関係を「自立」や「女の幸せ」といった「意味」で満たそうとするときにこそ、多くの困難が生じてくるとすれば、一度意味と手を切ることで解放されることこそが、開かれた母娘関係を作るのだ、ということになるのかもしれません。

引用・参考文献

内田春菊『AC刑事　日笠媛乃』祥伝社、二〇〇七年
楳図かずお『洗礼』小学館、一九七六年
江藤淳『成熟と喪失』河出書房新社、一九七五年
エリアシェフ、キャロリーヌ／エニック、ナタリー『だから母と娘はむずかしい』夏目幸子訳、白水社、二〇〇五年
大島弓子『ダイエット』角川書店、一九八九年
太田治子「恋愛すら、母の手にゆだねていた」『婦人公論』二〇〇二年二月七日号
大塚英志『「彼女たち」の連合赤軍――サブカルチャーと戦後民主主義』文藝春秋、一九九六年
大塚英志「〈母性〉との和解をさぐる」『アエラムック　コミック学のみかた。』朝日新聞社、一九九七年
小倉千加子『ナイトメア――心の迷路の物語』岩波書店、二〇〇七年
小比木啓吾『エディプスと阿闍世』青土社、一九九一年
オリヴィエ、クリスティアーヌ『母と娘の精神分析――イヴの娘たち』大谷尚文／柏昌明訳、法政大学出版局、二〇〇三年
笠原嘉『青年期――精神病理学から』中公新書、一九七七年
角田光代『マザコン』集英社、二〇〇七年
加藤正明／藤縄昭／小此木啓吾編『講座家族精神医学4　家族の診断と治療・家族危機』弘文堂、一九八二年
香山リカ「『タリウム』少女はなぜ母親を殺そうとしたのか」『創』二〇〇六年一月号
川上未映子『乳と卵』文藝春秋、二〇〇八年

川上未映子「受賞者インタビュー　家には本が一冊もなかった」『文藝春秋』二〇〇八年三月号
桐野夏生『グロテスク』文藝春秋、二〇〇三年
草薙厚子「静岡『タリウム毒殺』少女から届いた七通の手紙」『週刊現代』二〇〇六年六月三日号
くらもちふさこ『いつもポケットにショパン』集英社文庫、一九九五年
近藤ようこ『アカシアの道』青林工藝舎、二〇〇〇年
斎藤学『インナーマザーは支配する――侵入する「お母さん」は危ない』新講社、一九九八年
斎藤学『家族の闇をさぐる――現代の親子関係』小学館、二〇〇一年
佐野眞一『東電OL殺人事件』新潮社、二〇〇〇年
佐野眞一『東電OL症候群』新潮社、二〇〇一年
セイライン、キャロル『母と娘』池田真紀子訳、メディアファクトリー、一九九八年
高石浩一『母を支える娘たち』日本評論社、一九九七年
タカノ綾『Tokyo Space Diary』早川書房、二〇〇六年
永井豪「ススムちゃん大ショック」『永井豪傑作選　3』朝日ソノラマ、一九七四年
野口嘉則『鏡の法則』総合法令出版、二〇〇六年
萩尾望都『イグアナの娘』小学館、一九九四年
萩尾望都『マージナル』小学館、一九八六年
バダンテール、エリザベート『プラス・ラブ――母性本能という神話の終焉』鈴木晶訳、サンリオ、一九八一年
藤原咲子「『生かしてやったのに』の言葉が、いまも私を苦しめる」『婦人公論』二〇〇二年二月七日号
ブルック、ヒルデ『ゴールデンケージ――思春期やせ症の謎』岡部祥平／溝口純二訳、星和書店、一九七九年
フロイト、ジークムント「女性の性愛について」『フロイト著作集　5』人文書院、一九六九年
フロイト、ジークムント「エディプス・コンプレクスの消滅」『フロイト著作集　6』人文書院、一九七〇年

ベイトソン、グレゴリー『精神の生態学（上・下）』佐伯泰樹訳、思索社、一九八六年
三浦しをん、よしながふみ「ホモ漫、そして少女マンガを語りつくす」『小説Ｗｉｎｇｓ』新書館、二〇〇六年冬号
ミニューチン、サルバドール他『思春期やせ症の家族――心身症の家族療法』増井昌美他訳、星和書店、一九八七年
山崎朋子「人は産まなくても母になれる」『婦人公論』二〇〇二年二月七日号
よしながふみ『愛すべき娘たち』白泉社、二〇〇三年
吉本隆明『共同幻想論』河出書房新社、一九六八年
ルソー、ジャン＝ジャック『エミール（上・中・下）』今野一雄訳、岩波文庫、一九六二年
レーナー、ハリエット『女性が母親になるとき――あなたの人生を子どもがどう変えるか』高石恭子訳、誠信書房、二〇〇一年

あとがき

本書の企画が立ち上がったのは、三年以上前に遡ります。私がPR誌『ちくま』に連載していた「家族の痕跡」(後に同名で単行本化)を読んだNHK出版の加納展子さんから、「母と娘の心理学」というテーマで書き下ろしを依頼されたのが最初のきっかけでした。

とりあえず依頼にはOKを出したものの、本業である臨床業務や、連載原稿の執筆などに時間をとられて、なかなか書きはじめることができずにいました。結局、意を決して本格的に執筆に取り掛かったのは、二〇〇七年に入ってからのことです。正味一年半で一冊書き下ろしというのは、私の執筆ペースではかなり速いほうでしょう。

本書のテーマである母娘関係について、私は二重の意味で門外漢でした。まず第一に、この領域についての臨床経験はあるものの、それほど深い問題意識は持っていなかったということがあります。第二に、そもそも私は男性なので、この問題について共感的・実感的な理解がほとんどできません。

しかし、資料として何冊かの本を読み進めるうちに、次第にこの問題の特異な点がみえてきて面白くなってきました。それというのも、この分野では何冊もの本が書かれているとはいえ、問題の核心を過不足なくとらえている著書は、まだないように思われたのです。

病理を強調する本は極端過ぎて普遍性をとりにがし、心理面を強調する本は女性性への配慮が十分ではない。当事者の本は問題を物語化し過ぎるきらいがあり、治療者の本はやたらと母親を叩くような傾向が目立つ。フェミニズム系の本は男女の対称性にこだわるあまり、問題を政治化し過ぎる傾向があるように思われました。

こんなふうに、母娘関係の問題は、未開拓の原野とはいわないまでも、依然として見通しの悪い領域であることは間違いないようです。僭越ながらこの部屋には、私のような門外漢にもそれなりの居場所があるとふんで、なんとか蛮勇をふるいつつ書き進めてこられました。

本書における私の目論見としては、次のようなものがありました。まず、従来の論点をある程度俯瞰し整理しておくこと。特に母娘関係における「女性性」の意味を、十分にあきらかにすること。そのうえで、「関係性」という視点から、私なりのアイディアを展開すること。

その意図が十分に達成されているかどうかの判断は、読者諸賢にゆだねたいと思います。ただ、私の知る限りでは、本書のように「身体性」と「言葉」の問題から母娘関係にアプローチした研究はほかにみあたらず、その意味では新しい切り口を提供しえたかなという自負はあります。

また、内容面に不満のある方も、本書で紹介したさまざまな作品や研究書が第一級のものであることには異論はないでしょう。そう、少なくとも本書は、母娘関係に関する良質のブックガイドたろうとしたつもりですし、なんといってもこの分野で、これほど少女まんがを参照した著作はほかにあまり例がありません。本書をきっかけに、そうした傑作や名作との幸福な出会いが起こることを祈ります。

ちなみに私個人も、この本の執筆に関わることで、さまざまな出会いや発見がありました。とりわけ少女まんがと母性の問題については、すでに藤本由香里さんによるすぐれた論考（「母なるものを求めつつ　少女マンガ・大島弓子の世界」『母と娘のフェミニズム』田畑書店、一九九六年）はあるものの、私なりの視点でもう少し追究してみたいという思いがあります。さらに意外な発見は、現在『新潮』誌上で進行中の中上健次論において、思いがけず母娘関係の視点が有効であることに気づかされたことです。これらの「宿題」は、今後なんらかの形で展開してみたいと考えています。

さて、本書もまた、多くの人の協力によって書き終えることができました。

とりわけ私が不案内だった少女まんがからの引用については、この分野のエキスパートである漫画史研究会の皆さんによる貴重な助言が役に立ちました。具体的な作品を数多くご教示いただいた藤本由香里さんと川原和子さん、女性おたく問題についてつねに貴重な情報を提供していただいた金田淳子さんに感謝します。

妻である高野美恵子には、自身の体験に根ざした多くのアドバイスをもらいました。男性には共感しにくいこの問題にアプローチするうえで、彼女の助言はきわめて有意義なものでした。

表紙のイラストをお願いしたよしながふみさんには、ごらんの通りすばらしい母子像を描いていただきました。この母親の表情の深さ！　漫画好きの知人から「なんて大それたことを！」と顰蹙を買いながらも、いちかばちか、依頼してみた甲斐がありました。ミーハーな一ファンの夢をあっさり叶えてくださって、本当に有り難うございました。

しかしなんといっても本書の最大の功労者は、このテーマを企画し、完成までの約三年間を辛抱強く待ち続けてくれたＮＨＫ出版の編集者、加納展子さんでしょう。資料収集から執筆環境の手配まで、彼女の有能さには実に助けられました。

実は本書のかなりの部分は、船橋駅北口のロイヤルホストで書かれたのですが、時に深夜にまでおよぶ執筆作業にも何度もつきあってもらいました。脱稿直前のラストスパートはさすがにきつかったのですが、なんとか乗り切れたのも彼女の支えあってのことと思います。ここに記して感謝いたします。

斎藤　環

二〇〇八年五月六日　水戸市百合ヶ丘にて

斎藤環――さいとう・たまき

- 1961年岩手県生まれ。精神科医。筑波大学医学研究科博士課程修了（医学博士）。現在、爽風会佐々木病院精神科診療部長。専門は思春期・青年期の精神病理、病跡学。「ひきこもり」治療の第一人者。執筆や講演などによる文化評論活動も行う。
- 著書に『社会的ひきこもり――終わらない思春期』（PHP新書）、『戦闘美少女の精神分析』（太田出版）、『ひきこもり文化論』（紀伊國屋書店）、『家族の痕跡――いちばん最後に残るもの』（筑摩書房）、『生き延びるためのラカン』（バジリコ）、『思春期ポストモダン――成熟はいかにして可能か』（幻冬舎新書）、『アーティストは境界線上で踊る』（みすず書房）ほか多数。

NHKブックス［1111］

母は娘の人生を支配する　なぜ「母殺し」は難しいのか

2008（平成20）年5月30日　第1刷発行

著　者　斎藤　環
発行者　大橋晴夫
発行所　日本放送出版協会
東京都渋谷区宇田川町41-1　郵便番号　150-8081
電話　03-3780-3317（編集）　0570-000-321（販売）
ホームページ　http://www.nhk-book.co.jp
携帯電話サイト　http://www.nhk-book-k.jp
振替　00110-1-49701
［印刷］慶昌堂印刷　［製本］石津製本　［装幀］倉田明典

落丁本・乱丁本はお取り替えいたします。
定価はカバーに表示してあります。
ISBN978-4-14-091111-2 C1311

NHKブックス　時代の半歩先を読む

＊教育・心理・福祉

子どもの世界をどうみるか―行為とその意味―　津守　真
日本の女子中高生　千石　保
不登校という生き方―教育の多様化と子どもの権利―　奥地圭子
歴史はどう教えられているか―教科書の国際比較から―　中村　哲編著
早期教育を考える　無藤　隆
「学級崩壊」をどうみるか　尾木直樹
「学力低下」をどうみるか　尾木直樹
子どもの絵は何を語るか―発達科学の視点から―　東山　明／東山直美
身体感覚を取り戻す―腰・ハラ文化の再生―　斎藤　孝
子どもに伝えたい〈三つの力〉―生きる力を鍛える―　斎藤　孝
生き方のスタイルを磨く―スタイル間コミュニケーション論―　斎藤　孝
「引きこもり」を考える―子育て論の視点から―　吉川武彦
子育てに失敗するポイント　齋藤慶子
〈育てられる者〉から〈育てる者〉へ―関係発達の視点から―　鯨岡　峻
愛撫・人の心に触れる力　山口　創
〈子別れ〉としての子育て　根ヶ山光一
現代大学生論―ユニバーシティ・ブルーの風に揺れる―　溝上慎一
フロイト―その自我の軌跡―　小此木啓吾
脳からみた心　山鳥　重
色と形の深層心理　岩井　寛
思春期のこころ　清水將之
エコロジカル・マインド―知性と環境をつなぐ心理学―　三嶋博之
孤独であるためのレッスン　諸富祥彦
〈うそ〉を見抜く心理学―「供述の世界」から―　浜田寿美男
内臓が生みだす心　西原克成
心の仕組み―人間関係にどう関わるか―(上)(中)(下)　スティーブン・ピンカー
人間の本性を考える―心は「空白の石版」か―(上)(中)(下)　スティーブン・ピンカー
17歳のこころ―その闇と病理―　片田珠美
人と人との快適距離―パーソナル・スペースとは何か―　渋谷昌三
日本人に合った精神療法とは　町沢静夫
間合い上手―メンタルヘルスの心理学から―　大野木裕明
福祉の思想　糸賀一雄
高齢社会とあなた―福祉資源をどうつくるか―　金子　勇
介護をこえて―高齢者の暮らしを支えるために―　浜田きよ子

※在庫品切れの際はご容赦下さい。

NHKブックス 時代の半歩先を読む

*社会

※在庫品切れの際はご容赦下さい。

NHKブックス別巻

思想地図

vol.1

特集・日本

東 浩紀／北田暁大 編

「社会問題」への性急な処方箋でもなく、イージーな「人生論」でもない思想本来の力を、来るべき2010年代の〈知〉の羅針盤に。最前線で活躍する若き論客の論文を多数収載。現代日本の課題に真摯に向き合う。